वो तेरे प्यार का ग़म

संगीत का खोया सितारा दान सिंह

ईशमधु तलवार

ईशमधु तलवार हिंदी पत्रकारिता का जाना-पहचाना नाम। हिंदी पत्रकार के तौर पर अपनी लेखनी से देश की सीमाओं के पार भी विख्यात विरले पत्रकारों में उनकी गिनती होती है। देश के पहली पंक्ति के हिंदी अखबारों-नवभारत टाइम्स, जनसत्ता, राजस्थान पत्रिका, पंजाब केसरी आदि में रिपोर्टर, चीफ़ रिपोर्टर, संपादक आदि महत्त्वपूर्ण भूमिकाओं में काम किया, नाम कमाया, दोस्त कमाए, उन्हीं दोस्तों में से एक हैं- संगीतकार दान सिंह!

वहीं साहित्यिक दुनिया में कथाकार, नाटककार और व्यंग्यकार के रूप में उन्हें हिंदी की वरिष्ठ पीढ़ी के मौलिक और प्रभावी लेखकों में गिना जाता है। वे प्रगतिशील लेखक संघ की राजस्थान इकाई के अध्यक्ष मंडल में शामिल हैं, वहीं राजस्थान साहित्य अकादमी की ओर से साहित्यिक एवं रचनात्मक पत्रकारिता के लिए 2013 में पुरस्कृत हो चुके हैं।

इन दिनों देश के सबसे बड़े मीडिया समूह ईटीवी में हिंदी चैनल के संपादकीय सलाहकार हैं।

संपर्क : ई-10, गांधीनगर, जयपुर-302015

ईशमधु तलवार

वो तेरे प्यार का ग़म

संगीत का खोया सितारा दान सिंह

राजकमल पेपरबैक्स

राजकमल पेपरबैक्स में
पहला संस्करण : 2014

राजकमल पेपरबैक्स : उत्कृष्ट साहित्य के जनसुलभ संस्करण

राजकमल प्रकाशन प्राइवेट लिमिटेड
1-बी, नेताजी सुभाष मार्ग, दरियागंज
नई दिल्ली-110 002
द्वारा प्रकाशित

शाखाएँ : अशोक राजपथ, साइंस कॉलेज के सामने, पटना-800 006
पहली मंजिल, दरबारी बिल्डिंग, महात्मा गांधी मार्ग, इलाहाबाद-211 001
36 ए, शेक्सपियर सरणी, कोलकाता-700 017

वेबसाइट : www.rajkamalprakashan.com
ई-मेल : info@rajkamalprakashan.com

बी.के. ऑफसेट
नवीन शाहदरा, दिल्ली-110 032
द्वारा मुद्रित

मूल्य : ₹ 95

WOH TERE PYAR KA GHAM
by Ish Madhu Talwar

ISBN : 978-81-267-2653-0

बेटी अनीष्मा और बेटे अनीश को
जिन्हें शायद कभी यह सोचकर गर्व हो कि
महान संगीत निर्देशक दान सिंह उनके पिता को
अपना दोस्त मानते थे...

मैं उनके सुरीले सफ़र की हमसफ़र हो गई

मैंने तब जयपुर के सवाई मानसिंह मेडिकल कॉलेज में एमबीबीएस में प्रवेश लिया था, लेकिन मेरी संगीत में गहन रुचि थी। दान सिंह जी के साथ मैंने पहले से ही गायन सीखना शुरू कर दिया था और पता ही नहीं चला कब जीवन के सुर प्यार के राग में बदल गए। घर पर मैंने साफ़ कह दिया कि विवाह करूंगी तो दान सिंह जी के साथ करूंगी, वरना नहीं करूंगी। घर में जमकर विरोध हुआ। मेरे पिता सहित परिवार के ज़्यादातर लोग डॉक्टर थे। पिता की ज़िद थी–'नहीं, पहले तुम्हें डॉक्टर बनना है।' मैंने दृढ़ता से उनसे कह दिया–'आपकी इच्छा ज़रूर पूरी करूंगी। डॉक्टर बनकर दिखाऊंगी, लेकिन विवाह दान सिंह जी से ही करूंगी।'

मेरा मेडिकल कॉलेज का यह वह दौर था, जब कश्मीर के फारूख़ अब्दुल्ला मेरे क्लासमेट हुआ करते थे। मेडिकल में पढ़ने के दौरान ही मैं दान सिंह जी के साथ कई बार दिल्ली आकाशवाणी गई और अपने गायन की प्रस्तुतियां दीं।

बाद के दौर में जयपुर आकाशवाणी में नौकरी करते हुए दान सिंह जी ने अचानक ही एक दिन मुंबई जाने का फ़ैसला कर लिया। मैंने भी उन्हें प्रोत्साहित किया और हर तरह से उनका साथ देने का भरोसा दिलाया। वे मुंबई चले गए, लेकिन उनका मिज़ाज माया नगरी मुंबई के अनुकूल नहीं था। दान सिंह जी ने मुंबई के पवाई में एक कमरा ले लिया था। मैं भी बीच-बीच में सरकारी अस्पताल से लम्बी छुट्टियां लेकर उनके पास चली जाती थी। वे सुबह एक गिलास दूध पीकर निकलते और रात को जब आते तो उन्हें घर की घंटी बजाने की ज़रूरत नहीं पड़ती। दूर से ही उनकी गाने की आवाज़ हवा में लहराती हुई आती-'वो तेरे प्यार का ग़म' और मैं दरवाज़ा खोल देती। लेकिन मुंबई उन्हें रास नहीं आया। मुंबई की चालबाज़ियों के बारे में वे मुझे बताया करते थे। बाद में वे मुंबई छोड़कर चले आए और फिर जयपुर में ही हमारे दिन गुज़रने लगे। एक दिन अचानक उनकी मुलाक़ात ईशमधु तलवार जी से हुई तो लगा जैसे घर में एक और सदस्य जुड़ गया। तलवार साहब ने उनके बारे में कई जगह लिखा। 'नवभारत टाइम्स' के मुंबई संस्करण में उनका एक आलेख छपा तो फिर मुंबई से फ़ोन आने लगे। इस बीच 'बवंडर' फ़िल्म में भी उन्हें काम मिला। दान सिंह जी तलवार साहब से बहुत स्नेह रखते थे, उनकी बहुत इज़्ज़त करते थे और उनका कहा कभी टालते नहीं थे। उन्होंने दान सिंह जी पर जो पुस्तक लिखी है उसके प्रति कैसे

आभार व्यक्त करूं। इस काम के लिए उनसे उपयुक्त पात्र और कोई हो भी नहीं सकता था।

दान सिंह जी के साथ पूरा जीवन एक सुरीली यात्रा की तरह बीता है। बीच में वे छोड़कर चले जाएंगे, कभी सोचा नहीं था। उनका सुर और संगीत जैसा प्रेम आज भी मेरी स्मृतियों में गूंजता है। कई बार लगता है बाहर सरसराती हवा के साथ उनकी आवाज़ सुनाई देगी–'वो तेरे प्यार का ग़म' और मैं उठकर दरवाज़ा खोलूंगी। लेकिन ऐसा होता नहीं है। उन्होंने जीवन का दरवाज़ा ही बंद कर लिया है। क्या करें? अपनी क़िस्मत ही कुछ ऐसी थी...।

–डॉ. उमा याज्ञनिक
पत्नी–दान सिंह
1, लाल प्याऊ, पारीक कॉलेज रोड,
बनीपार्क, जयपुर
फ़ोन : 0141-2206179

प्रारंभ में

पता नहीं क्यों, मुझे ऐसा लग रहा है कि शायद दानसिंह जी का अभी फ़ोन आएगा, मेरे मोबाइल के स्क्रीन पर पीली सरसों के लहलहाते खेत का चित्र उभरेगा (जो मैंने उनके लिए लगा रखा है)और उधर से आवाज़ आएगी– 'तलवार साहब, सुनिए–अर्ज़ किया है...' कुछ ऐसे ही शेर सुनाकर वे अपनी बात शुरू करते थे। यह आवाज़ मेरे मोबाइल पर अब कभी नहीं आएगी। सुरों का यह साधक अब हम सब को छोड़कर हमेशा के लिए चला गया है।

बहुत कम लोगों को मालूम है कि फ़िल्म 'माइ लव' के उनके जो गाने सुपर हिट हुए, उनमें लक्ष्मीकांत, प्यारेलाल, शिवकुमार और हरिप्रसाद चौरसिया ने उनके सहायक के रूप में काम किया था। बीते ज़माने के इन सदाबहार गीतों को लोग आज भी गुनगुना लेते हैं। इनमें प्रमुख हैं–'वो तेरे प्यार का ग़म, इक बहाना था सनम, अपनी क़िस्मत ही कुछ ऐसी थी, के दिल टूट गया' और 'ज़िक्र होता है जब क़यामत का तेरे जलवों की बात होती है, तू जो चाहे तो दिन निकलता है, तू जो चाहे तो रात होती है'। इन गानों ने ही मुझे दान सिंह से मिलवाया।

कोई दो दशक पहले दोस्तों के साथ एक पिकनिक में जब मैं ये गाने गुनगुना रहा था, तो अचानक मेरे एक मित्र ने पूछा–'आपको पता है इन गानों का संगीतकार कौन है?' मैंने कहा–'दान सिंह।' उन्होंने फिर पूछा–'और आपको पता है कि ये जयपुर में ही रहते हैं?' मैंने कहा–'नहीं।' और अगले ही दिन से मैंने दान सिंह की खोज शुरू कर दी। जिनसे पूछ सकता था, पूछा। लेकिन कुछ पता नहीं चलता था। यह खोज कोई एक माह में जाकर पूरी हुई। आख़िर वो मिल गए। मिले तो उनसे इंटरव्यू किया और 'नवभारत टाइम्स' के मुखपृष्ठ पर छाप दिया। 'नवभारत टाइम्स' के मुंबई के संस्करण में भी यह छपा, तो मुंबई से कई फ़ोन मेरे दफ़्तर आने लगे, जो दान सिंह का पता और फ़ोन नम्बर पूछते थे।

यह ख़बर छपने के बाद एक दिन दान सिंह का फ़ोन आया कि वे मेरे घर आना चाहते हैं। मैंने कहा–'मैं स्वयं हाज़िर हो जाऊंगा, आप आदेश करें।' वे बोले–'नहीं, मैं ख़ुद आऊंगा।' तो एक दिन सुबह वे घर आ गए। आते ही बोले–'तलवार साब, आपने मुझे ज़िंदा कर दिया। मैं तो मर गया था। मुंबई से मेरे पास लगातार फ़ोन आ रहे हैं कि हम तो समझे थे कि आप मर चुके हैं।' और उनकी आंखों से आंसू बह निकले। बाद में जब घर से बाहर उन्हें छोड़ने के लिए आया, तो वे लगातार मुझे मना करते रहे कि मैं बाहर तक उन्हें ना छोड़ूं। मैं नहीं माना। बाहर आया तो देखा कि उन्होंने एक पेड़ के पीछे छिपाकर अपनी साइकिल रखी हुई थी, जिस पर वे आए थे।

साइकिल के चेन कवर पर लिखी इबारत से पता चलता था कि वह रेलवे स्टेशन के किसी साइकिल स्टोर की थी, जहां से वे उसे किराए पर लेकर आए थे। तब मुझे समझ में आया कि वे मुझे बाहर आने से क्यों रोक रहे थे।

उसके बाद दान सिंह जी के साथ दोस्ती का लंबा सिलसिला शुरू हुआ। उनके कई क़िस्से हैं। कई कहानियां हैं। कई ठहाके हैं। कई धुनें हैं। कई गीत हैं।

उनकी क़िस्मत ही कुछ ऐसी थी। आख़िरी बार उनसे अस्पताल में मिला। उन्होंने खाना-पीना छोड़ दिया था। उनकी पत्नी डॉ. उमा याज्ञनिक ने मुझे बताया, " 'मैं उनसे बोली कि कुछ खाओगे-पीओगे नहीं, तो तलवार सा'ब से शिकायत कर दूंगी तो इस पर ये बोले-'मैं उठकर भाग जाऊंगा' "। तब मैंने कहा-'भागो तो सही। बिस्तर से उठो। हम तो यही चाहते हैं।' मगर आख़िर तक वे बिस्तर से नहीं उठ पाए।

उन्होंने गजेंद्र एस. श्रोत्रिय निर्देशित राजस्थानी फ़िल्म 'भोभर' के एक गाने में अपना आख़िरी संगीत दिया। उसके जिस गीत को वे अपने जीवन की आख़िरी धुन देकर गए हैं, उसके बोल हैं-'उग म्हारा सूरज तने भोर बुलावे, सांझ सूं भटक्यो घर क्यूं न आवे'। बेबाक दान सिंह जी का जीवन अस्त हो गया है, लेकिन उनके संगीत का सूरज रोज़ उगता रहेगा और उसकी किरणों का प्रकाश संगीत की दुनिया में हमेशा फैलता रहेगा। दान सिंह जैसे लोग कभी मरते नहीं। उन्हें श्रद्धांजलि के रूप में ये पुस्तक।

उन संपादक मित्रों का आभार जिन्होंने पुस्तक के आने से पूर्व इनमें से कुछ लेख छापे।

इस बिखरी हुई किताब के पन्ने समेटकर इसे यह आकार देने में युवा साथी दुष्यंत ने जो सहयोग किया, उसके लिए उनका दिल से आभारी हूं। वे इसके लिए लगातार मेरे पीछे पड़े रहे, और सच पूछें तो उनके प्रयासों से ही यह पुस्तक छपने जा पाई।

इस किताब को पाठकों तक पहुंचाने में राजकमल प्रकाशन समूह के प्रबंध निदेशक अशोक महेश्वरी और संपादकीय निदेशक सत्यानंद सिंह निरूपम ने जिस तत्परता से बीड़ा उठाया, उसके लिए उनका कैसे आभार व्यक्त किया जा सकता है, यह समझ नहीं आ रहा।

–ईशमधु तलवार

अनुक्रम

कोयल की तरह कूकते थे

दान सिंह जी की जुबानी ही एक क़िस्सा सुनिए, "बचपन में मेरा पढ़ाई में मन नहीं लगता था। खेल में ही ध्यान रहता था। गिल्ली-डंडा, फुटबॉल, कैरम और पतंगबाज़ी में मजा आता था। पतंग अब भी मकर संक्रान्ति पर उड़ा लेता हूं। दंगल का पंतगबाज़ रहा हूं और तीन-चार रील तक ऊपर जाकर मैंने पेंच लड़ाए हैं। मेरे ताऊजी के बेटे भाई मोहन सिंह से मेरी दोस्ती थी। ताऊजी पढ़ाई के लिए मोहन सिंह को घर से बाहर निकलने नहीं देते थे और मैं खेलने के लिए उसे घर बुलाने जाता तो मुझे मना कर देते। डांटते। कहते-तू मेरे बेटे को बिगाड़ेगा। फिर हमने मिलने की सूरत यह निकाली कि जब मैं कोयल की आवाज़ निकालता, तब वह घर से बाहर आ जाता। हम तब जयपुर के चौगान स्टेडियम में खेलने जाते थे।"

इसके आगे का दिलचस्प वाक़या यह है कि कोयल की आवाज़ दान सिंह के दादा कल्याण सिंह को चौंकाती थी, जिनकी उम्र उस समय 89 वर्ष की थी। मोहल्ले में एक खवासनवीस बेनीप्रसाद रोज़ शाम को एक चबूतरे पर बैठकर हुक्का गुड़गुड़ाया करते थे। एक दिन दादा जी ने उनसे कहा-"बेनीप्रसाद, क्या यह कलियुग आ गया है कि कोयल बेवक़्त सुबह-शाम बोलती है। कोयल तो हमेशा बसंत में ही बोलती है। क्या अब मौसम में कोई

बदलाव आ गया है? ''इस पर बेनीप्रसाद ने कहा–''या कोयल थांको पोतो बोले छै।'' (यह कोयल आपका पोता बोलता है।) दादाजी बोले–''झूठ बोलते हो। मेरे कान बुढ़ापे में क्या इतने ख़राब हो गए हैं कि असली और नक़ली कोयल की आवाज़ भी नहीं पहचान सकता।''

बहरहाल, बेनीप्रसाद ने दावा किया कि वह दम्मो (दान सिंह का बचपन का नाम) से कोयल की आवाज़ बुलवाकर दिखवा देंगे। लेकिन इसमें परेशानी यह थी कि दान सिंह एक लड्डू की क़ीमत पर ही कोयल की आवाज़ में बोलते थे। उन्हें बेसन के लड्डू खाने का शौक़ था। उस समय एक आने के चार लड्डू आते थे। इसलिए बेनीप्रसाद ने दादाजी से कहा–''कोयल की आवाज़ तो बुलवा दूंगा, लेकिन इसमें चार लड्डू का ख़र्चा आएगा।'' दादाजी इस ख़र्चे के लिए राज़ी हो गए और एक आना दे दिया।

ड्रामे का स्टेज तैयार हो चुका था। बाल कलाकार दान सिंह को अपनी भूमिका निभानी थी। इसे उन्हीं के शब्दों में सुनिए–''एक दिन शाम को मैं चौगान स्टेडियम से खेलकर लौटा तो देखा कि बेनी जी 'किलाणा बाबा' की लड्डू की दुकान पर खड़े थे। मुझे रोककर बोले–'लड्डू खाएगा?' मैंने कहा–'खाऊंगा।' वे बोले–'कितने खाएगा?' मेरा उनसे ऐसे ही सौदा होता था। मैंने हमेशा की तरह कहा–'जितनी कोयल बुलवाओगे, उतने लड्डू खाऊंगा।' उन्होंने इस पर एक शर्त रखी–'मेरे साथ चलना पड़ेगा।' मैं उनके साथ हो लिया। वे मुझे मोहल्ले में वहां ले गए, जहां वे पहले ही दादाजी को झाला (इशारा) देकर बुला चुके थे। वे मेरी नज़रों के सामने नहीं थे। बेनी जी ने कहा–'चल एक बार कोयल बोल।' मैंने कोयल की आवाज़ निकाल दी जो पूरे मोहल्ले में गूंज उठी। उन्होंने मुझे एक

लड्डू दे दिया। जब वो खा लिया तो दूसरी बार कोयल की आवाज़ निकलवाई। एक-एक करके चारों लड्डू मैं हजम कर गया। तभी मेरे दादाजी नमूदार हुए। उसी वक़्त सामने से पिताजी स्कूल से आ रहे थे। दादाजी ने पिताजी को बुलाया और पूछा–'इस दम्मो का क्या नाम रखा है तुमने?' पिताजी ने बताया–'दामोदर।' इस पर दादाजी ने कहा–'आज से इसका नाम होगा–दान सिंह सांवल। इसका यही नाम स्कूल में लिखवाना। यह प्रकृति के इतने निकट पहुंच चुका है कि इसकी प्रतिभा अद्वितीय होगी। समाज को यह अपनी कला का दान करेगा। आगे जाकर यह संगीत में ज़रूर कुछ करेगा।' "

दान सिंह का बचपन जयपुर के गणगौरी बाज़ार की सेलों की गली में गुजरा है। यहीं उनका 14 अक्टूबर, 1932 को जन्म हुआ। उनके पिताजी सांवल सिंह स्कूल ऑफ आर्ट्स में अध्यापक थे। उस समय उनका वेतन 25 रुपए प्रतिमाह था और घर की आर्थिक स्थिति अच्छी नहीं थी। छह वर्ष की उम्र तक दान सिंह स्कूल ही नहीं गए और मोहल्ले के बच्चों के साथ खेलते रहे। दान सिंह अपने उस बचपन को इस तरह याद करते थे–'छह साल की उम्र में मेरा मिशन हाई स्कूल में दाखिला कराया गया। जब मैं छठी कक्षा में पहुंचा तो मेरी माताजी बीमार रहने लगीं। कभी खाना खाकर स्कूल जाता, कभी बिना खाए। तीन दिन घर में खाना नहीं बना तो मैं स्कूल नहीं गया। तब अचानक प्रिंसिपल बी.एस. पॉल गाड़ी लेकर घर आए। मैं बाहर खड़ा था। मैंने आश्यर्चचकित होकर पूछा–सर, आप कैसे आए? उन्होंने कहा कि तुम स्कूल क्यों नहीं आ रहे? स्कूल में सुबह की प्रार्थना ही नहीं हो पा रही है। मैंने उन्हें बताया कि मेरी मां बीमार

है और तीन दिन से मैंने खाना नहीं खाया। इस पर उन्होंने कहा कि कल से स्कूल आओ। खाना मेरे साथ ही खा लिया करो।'

दान सिंह मिशन स्कूल में जो प्रार्थना गाया करते थे, वे उन्हें अपने आख़िरी दिनों तक भी याद थी। उन्होंने बताया कि इस प्रार्थना की धुन भी उन्होंने ही बनाई थी और वे जब मधुर आवाज़ में इसे गाते तो प्रिंसिपल की आंखें नम हो जाती थीं। उन्होंने बातचीत के दौरान मुझे यह प्रार्थना तरन्नुम में गाकर भी सुनाई–

ऐ हमारे आसमाने बाप,
तू जो आसमान पर है
तेरा नाम पाक है
हम तेरी रहमत के नीचे रहते हैं
हम तेरी औलाद हैं
तू हम पे रहम कर
हमें सही राह पर चला।

दान सिंह ने बताया कि ईसा मसीह की यह प्रार्थना उनके स्कूल छोड़ने के बाद भी उनकी बनाई धुन पर ही गाई जाती रही।

तीन दिन भूखे रहने के बाद दान सिंह अगले दिन स्कूल पहुंचे और बच्चों से यह प्रार्थना गवाई। स्कूल के इंटरवल में प्रिंसिपल ने दान सिंह को बुलाया और अपने साथ खाना खाने को कहा। दान सिंह बोले–"मैं आपके साथ कैसे खाना खा सकता हूं! मैं हिंदू हूं और आप ईसाई हैं।" इस पर प्रिंसिपल के चेहरे पर कई भाव आए और गए। फिर वे धीमी आवाज़ में बोले–"चलो, फल तो खा सकते हो। वही खा लो।" तब दान सिंह ने प्रिंसिपल बी.एस. पॉल के साथ कुछ फल खाए।

दृश्य बदलता है

दान सिंह मुबई पहुंच गए। 'माइ लव' के गानों की देश भर में धूम मच रही थी। बहुत कम लोगों को मालूम है कि 'माइ लव' के गानों में लक्ष्मीकान्त, प्यारेलाल, पं. शिवकुमार और हरिप्रसाद चौरसिया ने दान सिंह के सहायक के रूप में काम किया था। दान सिंह एक बड़े संगीतकार के रूप में स्थापित हो चुके थे। यह छठे दशक के अंतिम वर्षों की बात है।

कट टू–अगला दृश्य

जयपुर का पानी से छलछलाता रामगढ़ बांध, जहां जयपुर के लोग अक्सर दाल-बाटी-चूरमा की गोठ करने जाते हैं। बांध की पाल पर शानदार महफ़िल जमी है। दान सिंह हारमोनियम के साथ गाना गा रहे हैं-'वो तेरे प्यार का ग़म, इक बहाना था सनम, अपनी क़िस्मत ही कुछ ऐसी थी के दिल टूट गया...।' पानी की लहरों से उठती तरंगों के साथ घने दरख़्तों को चीरकर यह आवाज़ फ़िज़ा में तैर रही है। महफ़िल पूरे परवान पर चढ़ी है।

दान सिंह के जयपुर आगमन पर उनके सम्मान में फ़िल्म डिस्ट्रीब्यूटर्स एसोसिएशन की ओर से आयोजित यह पार्टी बांध के ऊपर चल रही थी और नीचे स्कूली बच्चे पिकनिक मना रहे थे। यह मिशन स्कूल के ही बच्चे थे। अचानक प्रिंसिपल बी.एस. पाल से उनके एक शिक्षक साथी ज्योतिष माथुर ने कहा–'सर, यह आवाज़ तो दान सिंह की है।' प्रिंसिपल बी.एस. पॉल बोले–'नहीं, वो आजकल मुंबई में है। अब वो बड़ा म्यूज़िक डायरेक्टर हो गया है। वो यहां कहां आएगा?' दान सिंह के मित्र रह चुके माथुर ने कहा–

'नहीं, यह दान सिंह ही है।' इस पर प्रिंसिपल ने कहा–'यदि यह वही दान सिंह है तो उसे बुलाओ।'

दान सिंह आए। कुछ इस तरह बात हुई–

प्रिंसिपल : क्या आप मेरे साथ खाना खाएंगे।
दान सिंह : 'यस, ऑफकोर्स, आई विल हैव विद् यू।'
प्रिंसिपल : ' बट आई एम क्रिश्चियन एंड यू आर हिंदू।'

अब आगे दान सिंह के शब्दों में–'मेरी आंखों में आंसू आ गए। मैंने उनके चरण छू लिये। मैंने कहा–नहीं, अब मैं क्रिश्चियन हूं और आप हिंदू। मैंने उनके साथ फिर खाना खाया।'

दान सिंह की आंखों में अचानक आंसू छलछला आए। वे भर्राई आवाज़ में मुझसे बोले–'तलवार साहब, आज बस इतना ही।' मैंने अपनी डायरी बंद कर ली। यह डायरी अब बंद ही रहेगी। इसके बाद वे बीमार पड़ गए।

...और दिल टूट गया

1970 में आई शशि कपूर–शर्मिला टैगोर अभिनीत फ़िल्म 'माइ लव' में उनका संगीतबद्ध किया और मुकेश का गाया एक गाना बहुत मशहूर हुआ था–'वो तेरे प्यार का ग़म, इक बहाना था सनम, अपनी क़िस्मत ही कुछ ऐसी थी कि दिल टूट गया।' दान सिंह का दिल भी कुछ ऐसा ही था। अक्सर टूट जाता था।

दान सिंह का पहली बार जब दिल टूटा तो उन्होंने आकाशवाणी की नौकरी छोड़ दी और मुंबई जाने का फ़ैसला कर लिया। इसकी भी एक मार्मिक कहानी है। दान सिंह आकाशवाणी, जयपुर में कंपोज़र की नौकरी करते थे। एक दिन सुबह जब वे ड्यूटी पर थे, तब अचानक ख़बर आई कि उनकी माताजी का निधन हो गया, लेकिन ऑफ़िस से उन्हें छुट्टी नहीं मिली। यह 1962 की बात है। यह वो दौर था, जब आकाशवाणी में सभी कार्यक्रम 'लाइव' ब्रॉडकास्ट होते थे। रिकॉर्ड करके कार्यक्रम प्रसारित करने की सुविधा नहीं थी। इसलिए दान सिंह को छुट्टी नहीं मिल पाई। दान सिंह ऑफ़िस में थे और घर पर उनकी माताजी का शव रखा था।

दान सिंह की पत्नी डॉ. उमा याज्ञनिक बताती हैं–'उस दिन उनकी सुबह 6 बजे से ड्यूटी थी। उनकी माताजी को सांस की बीमारी थी। सुबह ही अचानक उनका निधन हो गया। हम फ़ोन

करते रहे, लेकिन दफ़्तर से उनको छुट्टी नहीं मिली। वे अपना कार्यक्रम करके ही दोपहर को घर आए, तब माताजी का अंतिम संस्कार हुआ। इसके बाद उन्होंने सोच लिया कि ऐसी नौकरी नहीं करनी। अगले दिन जाकर इस्तीफा दे दिया और नौकरी छोड़कर आ गए।

इसके बाद शुरू हुआ दान सिंह का मुंबई में फ़िल्मी सफ़र। इसमें उनकी पत्नी डॉ. उमा याज्ञनिक ने आख़िर तक साथ निभाया। डॉ. याज्ञनिक जब मेडिकल की छात्रा थीं, तभी उनका दान सिंह से प्रेम परवान चढ़ा और बाद में जीवन के आख़िरी सांस तक उनके साथ रहीं। मेडिकल की पढ़ाई के दौरान ही उन्होंने भी दान सिंह के साथ आकाशवाणी, दिल्ली में महादेवी वर्मा, हरिवंश राय बच्चन आदि बड़े कवियों की रचनाओं का गायन किया।

मुंबई में दान सिंह विख्यात संगीतकार खेमचंद्र प्रकाश के गंडा बंध शिष्य बन गए। दान सिंह कहते थे–'महल' फ़िल्म उन्होंने यमन और यमन कल्याण में ही पूरी कर दी थी। 'आएगा आने वाला' की धुन देकर उन्होंने चुनौती दे दी थी कि कोई 'जाएगा जाने वाला' मुखड़े पर संगीत देकर दिखाए। दान सिंह को पहला ब्रेक 'माइ लव' से मिला। इस फ़िल्म में मुकेश के गाए गाने लोग आज भी गुनगुना लेते हैं–' ज़िक्र होता है जब क़यामत का, तेरे जलवों की बात होती है, तू जो चाहे तो दिन निकलता है, तू जो चाहे तो रात होती है। और 'वो तेरे प्यार का ग़म..'। यह फ़िल्म फ्लॉप हो गई, लेकिन दान सिंह की धुनों से सजे गाने ख़ूब चले।

इस फ़िल्म के बाद दान सिंह का दिल टूटने का सिलसिला ऐसा शुरू हुआ, जो आख़िर तक चलता रहा। उन्होंने फ़िल्म 'भूल ना जाना' में शानदार संगीत दिया, लेकिन भारत–चीन युद्ध पर बनी यह

फ़िल्म विदेश नीति के चलते रिलीज़ ही नहीं हो पाई। फ़िल्म के गाने ज़रूर रिलीज़ हो गए थे। इनमें गुलज़ार का लिखा और मुकेश का गया यह गीत दान सिंह के संगीत का बेहतरीन नमूना है–'पुकारो मुझे नाम लेकर पुकारो, मुझे तुमसे अपनी ख़बर मिल रही है।'

इसी फ़िल्म में गीता दत्त का गाया गाना 'मेरे हम नशीं, मेरे हम नवां, मेरे पास आ मुझे थाम ले' आज भी दिल को छू लेता है। जयपुर के हरिराम आचार्य ने यह गाना लिखा था। इसी फ़िल्म में उनका लिखा एक और गाना अपने ज़माने में, बहुत मशहूर हूआ था–'ग़मेदिल किससे कहूं, कोई भी ग़म खार नहीं।' दान सिंह ने एक फ़िल्म 'मतलबी' में भी संगीत दिया, लेकिन यहां भी उनका दिल टूटा और फ़िल्म डिब्बे में बंद होकर रह गई। फ़िल्म 'तूफ़ान' में भी दान सिंह के संगीत की तारीफ हुई, लेकिन फ़िल्म नहीं चल पाई।

दान सिंह ने मुंबई में मोहम्मद रफी, मन्ना डे, मुकेश, आशा भोंसले, गीता दत्त, उषा मंगेशकर और सुमन कल्याणपुर जैसी नामी हस्तियों से गाने गवाए, लेकिन उनकी एक तमन्ना मन में ही रह गई और लता मंगेशकर के साथ उन्हें कभी अवसर नहीं मिल पाया। वे जब–तब मित्रों से कहते भी थे–'बस, मेरी एक यही इच्छा अधूरी रह गई कि लताजी से नहीं गवा पाया।' वैसे उनकी एक और तमन्ना उनके साथ ही चली गई। वे अपनी पत्नी डॉ. उमा याज्ञनिक की आवाज़ में गालिब की रचनाओं का एक अलबम तैयार करना चाहते थे। इसकी पूरी तैयारी हो गई थी और केवल रिकॉर्डिंग बाकी थी, जो हो नहीं पाई। कुछ माह पूर्व ही उन्होंने डॉ. उमा याज्ञनिक की आवाज़ में दुष्यंत कुमार की ग़ज़लों की भी रिकॉर्डिंग की थी, लेकिन उसे बाज़ार में पहुंचाना उन्हें नहीं आया।

मुंबई में आख़िरी दिनों में उन्हें काम मिलना बंद हो गया था। उनकी पत्नी डॉ. उमा याज्ञनिक बताती हैं–'पवई में एक मकान किराए पर लिया हुआ था, जहां मैं भी अक्सर तीन-तीन महीने की छुट्टियां लेकर चली जाती थी। दान सिंह जी सुबह एक गिलास दूध पीकर घर से निकल जाते थे और देर रात थके-हारे लौटते थे। कहते थे कि मन माफ़िक़ काम नहीं मिल रहा। बिजनेस की बात उन्हें आती नहीं थी। शाम को लोगों को वे अपनी धुनें सुना देते थे, जो चोरी हो जाती थीं। फिर हम जयपुर आ गए।' दान सिंह की पत्नी डॉ. उमा याज्ञनिक ने जयपुर के एसएमएस मेडिकल कॉलेज से 1961 में एमबीबीएस किया था। जम्मू-कश्मीर के पूर्व मुख्यमंत्री फारूख अब्दुल्ला भी तब उनकी कक्षा में पढ़ा करते थे। उनकी जयपुर में सरकारी नौकरी लगने से ही दान सिंह को मुंबई जाने का संबल मिला।

जयपुर आने के बाद दान सिंह एक गुमनाम ज़िंदगी जीते रहे और मुंबई में तो यह अफवाह भी उड़ गई थी कि वे मर चुके हैं। जयपुर आने के बाद उन्हें जगमोहन मूंदड़ा की एक फ़िल्म मिली थी–'बवंडर' जिसके सभी गानों की धुन उन्होंने बनाई थी, लेकिन पार्श्व संगीत के नाम पर विश्वमोहन भट्ट को शामिल कर संगीत निर्देशन के क्रेडिट में भट्ट के बाद उनका नाम लिखा गया। दिल नहीं टूटता तो क्या होता!

दान सिंह की पत्नी बताती हैं कि वे जब रात को घर लौटते थे, तो उन्हें घंटी बजाने की ज़रूरत नहीं पड़ती थी। वे गाते हुए आते थे और दूर से ही उनकी आवाज़ सुनाई दे जाती थी–'अपनी क़िस्मत ही कुछ ऐसी थी कि दिल टूट गया।'

कार बिना सफ़र पूरा

फ़िल्मी दुनिया के संगीत निर्देशक जहां लग्ज़री विदेशी कारों में घूमते हैं, वहीं दान सिंह जैसे सहज, आत्मीय और महान संगीतकार गुमनामी ज़िंदगी बिताते हुए अक्सर साइकिल पर ही जयपुर की गलियों में घूमते देखे गए। दान सिंह की पत्नी डॉ. उमा याज्ञनिक ने एक बार उनसे हल्के–फुल्के मूड में कहा भी–'गुरू, अब तो एक बार मोटर में बैठाकर घुमा दो।' इस पर दान सिंह ने शायद विचार शुरू कर दिया था। इसी बीच टाटा की लखटकिया कार 'नैनो' का हल्ला मचा तो उनकी इच्छाओं को जैसे पंख लग गए। उनका एक दिन फ़ोन आया–'नैनो कार ख़रीदने की सोची है। सुना है कि इसके जब बुकिंग के फार्म आएंगे तो लोगों में काफ़ी भागमभाग मचेगी। मेरे लिए आप एक फॉर्म की व्यवस्था कर देंगे क्या?' मैंने कहा–'अवश्य कर दूंगा।' इसके बाद वे बीच–बीच में फ़ोन कर पूछते भी रहे–'फ़ॉर्म आए क्या?' बाद में जब भारतीय स्टेट बैंक में फॉर्म आए तो इस बैंक में कार्यरत हमारे कवि–साहित्यकार मित्र प्रेमचन्द गांधी से बातचीत कर यह व्यवस्था भी कर ली गई कि एक फॉर्म दान सिंह को मिल जाएगा।

तभी अचानक एक दिन दान सिंह जी का फ़ोन आया–'तलवार साहब, वो नैनो वाला फॉर्म अब रहने दीजिए। हमने अब

अपना विचार बदल दिया है। अब आप ही बताइए, जयपुर की सड़कों पर इतना ट्रैफिक हो गया है कि हम बूढ़े-बूढ़ी इसमें कार कहां चला पाएंगे। ड्राइवर रखना भी हमारे लिए मुश्किल का ही काम होगा।' इस तरह दान सिंह का जीवन के संध्याकाल में देखा गया कार का सपना भी दफ़न हो गया।

दान सिंह बेशक अपने जीवन में कार नहीं खरीद पाए, लेकिन उनकी धुनों से कई लोगों ने चमचमाती कारें ख़रीद लीं। उन्होंने एक बार बताया था कि एक बड़े गीतकार ने इम्पाला कार की शर्त पर उनकी एक शानदार धुन दूसरे संगीतकार तक पहुंचा दी। मनोज कुमार की एक बहुचर्चित फ़िल्म में यह धुन काम आई। दान सिंह का कार का सपना चाहे अधूरा रह गया, लेकिन उन्हें साहित्य की कई महान हस्तियों की कार में बैठने का गौरव हासिल था। इनमें अपने समय के यशस्वी कवि सुमित्रा नंदन पंत भी शामिल हैं। दान सिंह ने फ़िल्मी गानों की ही धुनें नहीं बनाईं बल्कि कई साहित्यिक रचनाओं को भी अपनी मधुर धुनों से सजाया। यह कोई पांचवें दशक का क़िस्सा है। दान सिंह आकाशवाणी, दिल्ली में कंपोज़र के रूप में कार्यरत थे। उन्हें पंत की एक कविता-'अलक-पलक श्यामल स्वर्णिम...' की धुन बनानी थी और उसे गाना भी था। अख़बारों में रोज़ छपने वाली आकाशवाणी के कार्यक्रमों की सूची में यह कार्यक्रम भी छपा। इसे देखकर सुमित्रा नंदन पंत ने आकाशवाणी के केंद्रनिदेशक को फ़ोन किया-'यह कौन दान सिंह है जो मेरी रचना को गाएगा? कोई सिख बच्चा है क्या?' पंत जी का कहना था कि उनकी रचना किसी अनुभवी व्यक्ति को गानी चाहिए, कल का छोरा इसे क्या गाएगा? केंद्र निदेशक ने उन्हें आश्वस्त किया कि उनकी रचना का गायन अच्छा ही होगा।

बाद में जब दान सिंह ने आकाशवाणी पर पंत की रचना का पाठ किया तो कुछ देर बाद ही आकाशवाणी में पंत का फ़ोन आ गया–'जिस बच्चे ने अभी मेरी रचना का पाठ किया है, उसे रोककर रखें। मैं आकाशवाणी आ रहा हूं।' दान सिंह को लगा कि शायद कहीं गड़बड़ी हुई है। वे डरते हुए पंत जी का इंतज़ार करते रहे। पंत जी आए और उन्होंने दान सिंह की पीठ थपथपाई। कहा–'अभी मेरे साथ चलो। भोजन साथ ही करेंगे।' वे दान सिंह को अपनी कार में बैठाकर घर ले गए और अपने साथ भोजन कराया।

दान सिंह ने आकाशवाणी में कंपोज़र के रूप में अपने कार्यकाल के दौरान जयशंकर प्रसाद की रचनाओं को भी संगीतबद्ध किया, जिनमें एक थी–'अरे कहीं देखा है तुमने, मुझे प्यार करने वाले को, मेरी आंखों में आकर, फिर आंसू बन ढरने वाले को...' बहुत कम लोगों को जानकारी है कि वे जब मुंबई की माया नगरी में गए तो अपने साथ जो पहली धुन लेकर गए, वह उन्होंने जयपुर के एक शायर सुल्तान सिंह की नज़्म के लिए बनाई थी। इस नज़्म की शुरुआती पंक्तियां कुछ इस तरह थीं–'बन्द कलियों के नयन, ख़्वाब में डूबा था मन, सच कहा तारों ने चुपके से के दिन बीत गया'। उनकी इसी धुन पर मुंबई में फ़िल्म 'माइ लव' के लिए मुकेश ने गाना गाया–'वो तेरे प्यार का ग़म, इक बहाना था सनम, अपनी क़िस्मत ही कुछ ऐसी थी के दिल टूट गया।' शशि कपूर-शर्मिला टैगोर अभिनीत फ़िल्म 'माइ लव' के लिए यह गीत उस समय आनंद बख्शी ने लिखा था, जो उस समय बेहद लोकप्रिय हुआ और लोग इसे आज भी गुनगुना लेते हैं।

बात हमने दान सिंह के कार के सपने से शुरू की थी, लेकिन दान सिंह की क़िस्मत ही कुछ ऐसी थी कि दिल टूट गया। उन्होंने

अन्ततः ख़ुद ने ही कार न खरीदने का फ़ैसला कर लिया था। इसके पीछे क्या वजह थी, कुछ कहा नहीं जा सकता, लेकिन निश्चय ही इसके पीछे आर्थिक हालात भी रहे होंगे। जहां मुंबई में फ़िल्म निदेशक बड़ी रकम लेने के साथ ही मोटी रॉयल्टी भी पाते हैं, वहीं दान सिंह को तमाम जीवन में अपने किसी गाने की रॉयल्टी नहीं मिली।

युवा कवि-साहित्यकार डॉ. दुष्यंत के प्रयासों से हमने दान सिंह को रॉयल्टी दिलाने के प्रयास किए। इसके लिए दुष्यंत ने ही 'इंडियन परफॉर्मिंग राइट सोसायटी लि.' के अध्यक्ष हसन कमाल से फ़ोन पर बात की। ये वही हसन कमाल हैं, जिन्होंने 'किसी नज़र को तेरा इन्तज़ार आज भी है' जैसे मधुर गीत लिखे हैं। हसन कमाल को जब हमने दान सिंह के बारे में बताया तो वे बोले-'अरे, वाह! ये वो दान सिंह हैं। उन्हें मेरा सलाम कहिएगा।' उनके कहे अनुसार हमने दान सिंह की रॉयल्टी के लिए औपचारिकताएं पूरी करने की कार्रवाई शुरू कर दी। कई बरसों की रॉयल्टी का हिसाब बहुत जल्दी नहीं हो सकता था, लेकिन हमने उनसे अनुरोध किया कि दान सिंह अस्वस्थ हैं और हम चाहते हैं कि वे अपने जीवनकाल में रॉयल्टी का कोई एक चेक तो देख जाएं। हसन कमाल ने पूरी मानवीयता दिखाई और पहली खेप के रूप में लगभग पंद्रह हज़ार रुपए का चेक भेज दिया। दान सिंह को अपने जीवन में रॉयल्टी का पहला चेक मिला, लेकिन वह भी जीवन के अंतिम समय में, जब वे बीमारी से जूझ रहे थे। चेक देखकर उनकी आंखों में आंसू आ गए। दान सिंह ने मुझे बताया था कि पैसों के लिए एक बार उनकी आंखों में उस समय आंसू आए थे, जब वे मुंबई में संघर्ष कर रहे थे। आकाशवाणी की नौकरी छोड़कर मुंबई

गए थे और वहां खेमचंद प्रकाश की सरपरस्ती में कुछ काम किया, लेकिन बाद में काम मिल नहीं रहा था। उन्होंने जयपुर वापिस लौटने का मन बना लिया था। जिस रोज शाम को उनकी जयपुर के लिए ट्रेन थी, उसी दिन किसी ने उन्हें बताया कि फ़िल्म डिवीज़न को राजस्थान की एक लघु फ़िल्म 'रेत की गंगा' के लिए राजस्थानी संगीतकार की ज़रूरत है। वे फ़िल्म डिवीज़न के अधिकारी भास्कर राव से मिलने जा पहुंचे। उन्होंने दान सिंह से कहा कि अभी तो साजिन्दे नहीं हैं, वे कल आ जाएं और फ़िल्म की ज़रूरत के मुताबिक कुछ धुनें उन्हें सुना दें। दान सिंह ने बताया कि शाम की उनकी ट्रेन है और उसमें जाने या न जाने का फ़ैसला आज ही करना है। दान सिंह ने तत्काल ही मेज़ पर ताल देते हुए कुछ राजस्थानी धुनें उन्हें सुना दी। भास्कर राव बहुत प्रसन्न हुए और बात लगभग पक्की हो गई। उन्होंने दान सिंह से पूछा–'आप क्या लेंगे?' मैंने कहा–'चाय ले लूंगा'। वे बोले–'चाय तो पिलाएंगे ही। पैसे कितने लोगे?' यह सुन के दान सिंह की आंखों में आंसू आ गए। भास्कर राव के पूछने पर दान सिंह के कहा–'बंबई में पैसा देखे मुझे अरसा हो गया है।'

अंततः दान सिंह का यह संघर्ष रंग लाया और बाद में उन्हें 'माइ लव' जैसी फ़िल्म भी मिली, लेकिन उनकी क़िस्मत देखिए कि फिर दिल टूट गया और वे जयपुर में बसकर एक गुमनाम ज़िंदगी जीने को अभिशप्त हुए। आर्थिक अभाव कितने भी रहे हों, दान सिंह को हमने हमेशा खिलखिलाते हुए ही देखा। उन्होंने कभी किसी से कोई शिकवा नहीं किया। मैं हमेशा हंसते और गाते हुए दान सिंह से मिला हूं–आख़िरी मुलाक़ात को छोड़कर। तब मैं उनके लिए इडली और सांभर लेकर अस्पताल गया था, जहां वे

भर्ती थे। वे तब अस्पताल के बिस्तर पर सो रहे थे। मैंने ख़ुद ने ही उन्हें जगाने से मना कर दिया–'सोने दीजिए, मैं फिर आऊंगा तब मिल लूंगा।'

मुझे क्या पता था कि वे इतनी जल्दी हमेशा के लिए सो जाएंगे। उनकी 'भूल न जाना' फ़िल्म में गुलज़ार के लिखे गीतों के शब्द आज भी मेरे ज़ेहन में गूंज रहे हैं–'पुकारो, मुझे नाम लेकर पुकारो, मुझे तुमसे अपनी ख़बर मिल रही है।'

उन्हें अब पुकारें तो कहां पुकारें!

मेरे हमनशीं, मेरे हमनवां...

वर्ष–1964। मुंबई में ताड़देव का एक स्टूडियो। गीता दत्त के गाने की रिकॉर्डिंग चल रही है। यह वो समय है, जब गीता दत्त के गुरुदत्त से रिश्ते समाप्ति की ओर बढ़ रहे थे। ग़मगीन गीता दत्त डूबकर गाना गा रही हैं–

मेरे हम नशीं, मेरे हम नवां
मेरे पास आ, मुझे थाम ले
तू चला है मुझसे बिछुड़ के यूं
ज्यों शिकस्ता साज से रागिनी
ज्यों चली हो जिस्म से दूर जां
ज्यों चली हो आंखों से रोशनी
मुझे दे दे बांहों का आसरा
मेरे पास आ, मुझे थाम ले।

और तभी अचानक गीता दत्त की रुलाई फूट पड़ती है। रिकॉर्डिंग बीच में रुक जाती है। संगीतकार दान सिंह के संगीत का जलवा जैसे गीता दत्त के लिए क़यामत बनकर आया। उनके संगीत निर्देशन में यह रिकॉर्डिंग थी फ़िल्म 'भूल न जाना' के गाने की, जिसे जयपुर के हरिराम आचार्य ने लिखा था। इंडो–चाइना वार पर

बनी इस फ़िल्म को विदेश मंत्रालय के लाल फीतों ने डिब्बे से बाहर निकलने नहीं दिया और यह फ़िल्म रिलीज़ ही नहीं हो पाई। इसके साथ ही फ़िल्मी आकाश में कई लोगों की उड़ान थमकर रह गई। इनमें दानसिंह भी शामिल हैं।

बॉलीवुड को बीते ज़माने के सदाबहार गीतों की सुरीली सौगात देने वाले संगीतकार दान सिंह की कहानी भी उनकी फ़िल्म 'भूल न जाना' जैसी ही है, जिसमें बाधाओं की लम्बी रिले रेस चलती है। इस फ़िल्म की तरह दान सिंह के जीवन का भी गत 18 जून, 2011 को अंत हो गया, लेकिन जब तक उनके मधुर सुर फ़िज़ा में गूंजते रहेंगे, तब तक वे यादों में जीवित रहेंगे। यूं तो दान सिंह को अमर बनाए रखने के लिए उनके संगीतबद्ध किए शशि कपूर-शर्मिला टैगोर अभिनीत फ़िल्म 'माइ लव' में ये दोनों गाने ही काफ़ी हैं–'वो तेरे प्यार का ग़म इक बहाना था सनम', और 'ज़िक्र होता है जब क़यामत का, तेरे जलवों की बात होती है।' ये दोनों गाने मुकेश ने गाए हैं। बहुत कम लोगों को जानकारी होगी कि इस फ़िल्म में दान सिंह के सहायक के रूप में लक्ष्मीकान्त ने मेंडोलिन, प्यारेलाल ने वायलिन, पं. शिवकुमार ने संतूर, हरि प्रसाद चौरसिया ने बांसुरी और मनोहरी ने सेक्सोफ़ोन बजाया था।

'माइ लव' के गाने आनंद बख्शी ने लिखे थे। ये उनके शुरुआती दिन थे। जब छठे दशक के मध्य में 'माइ लव' फ़िल्म बन रही थी, तब दानसिंह इसके निर्माण से जुड़े बी.एन. शर्मा के फ्लैट में उनके साथ रहते थे। बी.एन. शर्मा जयपुर के ही रहने वाले थे। इनके पड़ोस में ही रहते थे गीतकार आनंद बख्शी। उन दिनों आनंद बख्शी की मुफ़लिसी का अंदाज़ इससे लगाया जा सकता है कि वे सुबह के कार्यों से निवृत्त होने के लिए रोज दान सिंह जी वाले फ्लैट

में टॉयलेट इस्तेमाल करने आते थे। वैसे दान सिंह के भी ये संघर्ष के दिन थे। दान सिंह की क़िस्मत ही कुछ ऐसी रही कि उनकी फ़िल्में नहीं चल पाईं, लेकिन गाने ख़ूब चले।

अब उनकी 'भूल न जाना' फ़िल्म को ही लीजिए, जो रिलीज़ नहीं हो पाई, लेकिन इसके गाने रिलीज़ हो गए थे। इसमें गुलज़ार का लिखा और मुकेश का गाया एक गीत लोग आज भी गुनगुना लेते हैं–

पुकारो मुझे नाम लेकर पुकारो
मुझे तुमसे अपनी ख़बर मिल रही है।
ख़यालों में तुमने भी देखी तो होंगी
कभी मेरे ख़्वाबों की धुंधली लकीरें
तुम्हारी हथेली से मिलती हैं जाकर
मेरे हाथ की ये अधूरी लकीरें
बड़ी सर चढ़ी हैं ये ज़ुल्फ़ें तुम्हारी
ये ज़ुल्फ़ें मेरे बाज़ुओं में उतारो
पुकारो मुझे नाम लेकर पुकारो

इस गाने के लिए बनाई दान सिंह की पहली धुन तो मुंबई की माया नगरी में चोरी ही हो गई थी। इसका भी एक दिलचस्प क़िस्सा है। जब मुकेश यह गीत रिकॉर्ड कराने आए तो धुन सुनकर बोले–'इस धुन पर तो मैं अभी एक गीत रिकॉर्ड करा कर आ रहा हूं–'तुम्हीं मेरे मंदिर, तुम्हीं मेरी पूजा...' दान सिंह ने कहा–'यह धुन वहां कैसे चली गई?' इस पर मुकेश का जवाब था– ' दान सिंह जी, यह बंबई है। आप तरल–गरल पार्टियों मे लोगों को धुन सुना देंगे तो यही होगा। इस पर दान सिंह ने कहा–'इससे क्या फ़र्क़ पड़ता है? एक

घंटे बाद आ जाइये, मैं नई धुन तैयार करता हूं।' और उन्होंने 'पुकारो मुझे नाम लेकर पुकारो' की जो नई धुन तैयार की वह आज भी 'यू ट्यूब' पर सुनते हुए लोगों को भीतर तक हिला देती है।

दान सिंह के साथ धुन चोरी का यह अकेला वाक़या नहीं है। कितने लोगों को मालूम होगा कि इंदीवर के लिखे सदाबहार गीत 'चंदन सा बदन चंचल चितवन' की धुन जो लोग आज भी सुनते हैं, वो दान सिंह की बनाई हुई है, लेकिन उन्हें कभी इसका क्रेडिट नहीं मिला। इस बारे में जयपुर में रह रहे 'भूल न जाना' के गीतकार हरिराम आचार्य बताते हैं–"दान सिंह जी ने यह धुन इंदीवर के लिखे इसी गीत पर 'भूल ना जाना' के लिए बनाई थी।" इंदीवर ने 'भूल न जाना' के लिए जब यह गीत लिखा था तो 'चंदन सा बदन' उसके मुखड़े में नहीं, अंतरे में था। तब इस गाने का इसी धुन पर मुखड़ा यह था–"मतवाले नयन, जैसे नील गगन/पंछी की तरह खो जाऊं मैं" बाद में इसी गीत की पंक्तियों को इंदीवर ने ऊपर नीचे कर के 'चंदन सा बदन' बनाया। इसकी धुन दान सिंह वाली ही है। इसमें यमन-कल्याण के वही सुर हैं, जो दान सिंह जी ने लगाए थे।" हरिराम आचार्य पूछने पर आगे बताते हैं–"दरअसल, फ़िल्म निर्माता जगन शर्मा से इंदीवर ने अनुरोध किया कि 'सरस्वती चन्द्र' फ़िल्म के लिए कल्याणजी को यह गीत पसंद आ गया है, आप इजाज़त दें तो मैं उन्हें दे दूं। उन्होंने इजाज़त दे दी। इंदीवर ने शायद गीत के साथ ही धुन भी दे दी।"

वैसे दान सिंह मुझे बातचीत में कई बार यह भी बता चुके हैं कि फ़िल्म 'पूरब पश्चिम' के गीत 'कोई जब तुम्हारा हृदय तोड़ दे' की धुन उन्होंने एक पार्टी में एक गीतकार को सुनाई थी और उसने इंपाला कार की क़ीमत पर मेरी यह धुन बेच दी। उन दिनों इंपाला

कार के जलवों की चर्चा होती थी। यह बात अलग है कि दान सिंह स्वयं अपने जीवन में कभी कार नहीं ख़रीद पाए और गुमनामी की ज़िंदगी जीते हुए साइकिल के पैडलों से ही जयपुर की सड़कें नापते रहे।

बहरहाल, दान सिंह के संगीत निर्देशन में मुकेश, मन्ना डे, गीता दत्त और सुमन कल्याणपुर जैसी फ़िल्म जगत की जानी-मानी हस्तियों के सुरों से सजी फ़िल्म 'भूल न जाना' बनकर तो तैयार हो गई, लेकिन सेंसर बोर्ड के पास करने के बावजूद वह रिलीज़ नहीं हो पाई। यह फ़िल्म भारत-चीन युद्ध की पृष्ठभूमि पर बनाई गई थी, लेकिन जब फ़िल्म बनकर तैयार हुई, तब तक 'हिन्दी-चीनी भाई-भाई' का नारा चल चुका था। विदेश मंत्रालय ने यह कहकर फ़िल्म पर रोक लगा दी कि इससे दोनों देशों के बीच तनाव पैदा होगा। यदि यह फ़िल्म रिलीज़ हो जाती तो शायद दान सिंह की आज हम दूसरी ही कहानी लिख रहे होते।

दान सिंह ने 'भूल न जाना', 'तूफ़ान' , 'माइ लव' आदि फ़िल्मों में मोहम्मद रफी, मन्ना डे, मुकेश, आशा भोंसले, गीता दत्त, सुमन कल्याणपुर और ऊषा मंगेशकर जैसे फ़िल्म संगीत के सितारों से गाने गवाए। राजस्थान के भंवरी देवी प्रकरण पर बनी जगमोहन मूंदड़ा की फ़िल्म 'बवंडर' में भी उन्होंने संगीत दिया। वे राजस्थान के ही 'महल' फ़िल्म फेम संगीत निर्देशक खेमचंद प्रकाश के शिष्य थे और नई प्रतिभाओं को सामने लाने की कोशिश करते थे। जयपुर के हरिराम आचार्य को फ़िल्मों में गीत लिखने का सबसे पहला मौक़ा दान सिंह ने ही 'भूल न जाना' में दिया, जिनके एक गीत ने गीता दत्त को रुला दिया था। इस फ़िल्म में हरिराम आचार्य का लिखा एक और ग़मगीन गीत-'ग़मे दिल किससे कहूं, कोई भी

ग़मख़ार नहीं' भी काफ़ी लोकप्रिय हुआ था। बहुत कम लोगों को मालूम है कि दान सिंह ने 'माइ लव' फ़िल्म में हिरोइन के लिए शर्मिला टैगोर से पहले जयपुर की रमा पांडे का नाम सुझाया था, लेकिन बीबीसी में समाचार उद्घोषक रहीं रमा के पिता ने उन्हें फ़िल्म में अभिनय करने की इजाज़त नहीं दी।

फ़िल्म संगीत में दानसिंह ने अपने समय के सभी संगीतकारों से अलग हटकर धीमे और मीठे रागों का एक नया रास्ता चुना जिन्हें सुनकर आज भी मन पर नशा तारी होने लगता है। शायद इसलिए गीतकार गुलज़ार ने कहा–"दानसिंह के जाने से फ़िल्म संगीत की मेलोडी को बड़ी क्षति हुई हुई है।" फ़िल्म संगीत के अलावा राजस्थानी संगीत दानसिंह की रग–रग में दौड़ता था, जिसे फ़िल्म 'बवंडर' की रेत में उड़ते–तैरते देखा जा सकता है।

दानसिंह आम बातचीत में जयपुर की ढूंढ़ाड़ी बोली ही बोलते थे और जयपुर उनकी धड़कनों में बसता था, जहां मुंबई की माया नगरी को ठोकर मारकर वे फिर से आ बसे। जयपुर में हर मकर संक्रान्ति पर पतंगों से छा जाने वाला आसमान दानसिंह की पतंग के बिना पूरा नहीं होता था। वे दंगल के पतंगबाज़ थे। वे शतरंज के भी शौकीन थे और जयपुर की पुरानी बस्ती में उन्हें शतरंज की बाज़ी लगाते हुए अक्सर देखा जा सकता था। उनके बचपन के एक दोस्त प्रताप नारायण व्यास कहते हैं–"दानसिंह शतरंज में कभी नहीं हारे, लेकिन फ़िल्म नगरी की शतरंजी चालों में वे मात खा बैठे।" शायद यही वजह थी कि वे फ़िल्म जगत को इतनी सुन्दर धुनें देने के बावजूद जयपुर में गुमनामी जीवन बिताने को मजबूर हुए।

माइ लव

दान सिंह को फ़िल्म 'माइ लव' के गानों के लिए हमेशा याद किया जाएगा। बेशक यह फ़िल्म नहीं चल पाई लेकिन इसके गानों ने अपने वक़्त में जमकर धूम मचाई, जिन्हें लोग आज भी गुनगुना लेते हैं।

ख़ास बात यह कि 'माइ लव' के गानों में दान सिंह के सहायक के रूप में लक्ष्मीकांत ने मेंडोलिन, प्यारेलाल ने वॉयलिन, पं. शिव कुमार ने संतूर, हरिप्रसाद चौरसिया ने बांसुरी और मनहरि ने सेक्सोफ़ोन बजाया था। बाद में ये कलाकार 'लक्ष्मीकांत प्यारेलाल' और ' शिव हरि' होकर फ़िल्म संगीत की दुनिया में छा गए, लेकिन दान सिंह 'माइ लव' की धुनों को मुंबई में ही छोड़कर जयपुर आ बसे।

प्रेम कहानी पर आधारित फ़िल्म 'माइ लव' क्यों नहीं चल पाई, इसके कुछ कारण रहे होंगे, लेकिन इस बारे में दान सिंह जी ने एक बार मुझसे कहा था-'यह एक अच्छी-ख़ासी लव स्टोरी थी, लेकिन उसका सत्यानाश कर दिया गया। निर्देशक फ़िल्म में अफ्रीका के जंगल और हाथी ही दिखाता रहा। फ़िल्म चलती तो चलती कैसे?'' दान सिंह की कई फ़िल्मों के लिए गीत लिखने वाले गीतकार हरिराम आचार्य का इस बारे में कहना था-'इस

फ़िल्म के डायरेक्टर एस. सुखदेव थे, जिन्हें डॉक्यूमेंट्री फ़िल्म बनाने का ही अनुभव था। यह शायद उनकी पहली फीचर फ़िल्म थी, लेकिन इसे भी उन्होंने डाक्यूमेंट्री की तरह बना दिया।'

शशि कपूर और शर्मिला टैगोर एक साथ पहली बार 'माइ लव' फ़िल्म में ही आए थे और दोनों की जोड़ी पर्दे पर पहली बार आने की बात को फ़िल्म के प्रचार में इस्तेमाल भी किया गया था। अतुल आर्ट्स के बैनर तले बनी इस फ़िल्म में इन दोनों के अलावा अपने ज़माने के विख्यात अभिनेता राजेन्द्र नाथ, मदन पुरी, जयन्त, इफ्तेखार और निरूपा राय की भी भूमिका थी।

सत्तर के दशक की शुरुआत में जब इसके गाने बाज़ार में आए तो लोगों की जुबान पर चढ़ गए। बॉलीवुड़ में आज के चर्चित गीतकार इरशाद कामिल ने इन गानों को लेकर इस तरह टिप्पणी की है–'दान सिंह जी ने 'माइ लव' के रूप में फ़िल्म संगीत को ऐसा तोहफा दिया है जिसकी चमक कोहीनूर हीरे जैसी है। जब भी अच्छे और पायेदार फ़िल्मी संगीत की बात होगी तो 'माइ लव' के संगीत को भूला नहीं जा सकेगा।'

वो तेरे प्यार का ग़म

दान सिंह फ़िल्म नगरी मुंबई जाने से पहले जयपुर आकाशवाणी में कंपोज़र की नौकरी करते थे। जयपुर में एक शायर थे–सुल्तान सिंह। उन्होंने सुल्तान सिंह की एक नज़्म को कम्पोज़ किया तो अपनी यह धुन उन्हें इतनी पसंद आई कि इसे लेकर वे मुंबई रवाना हो गए। यह वही धुन थी जो बाद में मुकेश के गाये गीत 'वो तेरे प्यार का ग़म' में बजी। इस गाने में दान सिंह ने मनोहरी के सेक्सोफ़ोन से एक ख़ास ढंग का प्रभाव पैदा किया है।

दान सिंह ने सुल्तान सिंह की जिस नज़्म को इस धुन में कंपोज़ किया था, उसका मुखड़ा कुछ इस तरह था–

बंद कलियों के नयन
ख़्वाब में डूबा था मन
सच कहा तारों ने चुपके से
के दिन बीत गया।

यही धुन फिर 'माइ लव' के इस गाने में ढली–

वो तेरे प्यार का ग़म
इक बहाना था सनम
अपनी क़िस्मत ही कुछ ऐसी थी
के दिल टूट गया।

ये ना होता तो कोई
दूसरा ग़म होना था
मैं तो वो हूं जिसे
हर हाल में बस रोना था
मुस्कराता भी अगर
तो छलक जाती नज़र
अपनी क़िस्मत ही...

वरना क्या बात है तू
कोई सितमगर तो नहीं
तेरे सीने में भी दिल है
कोई पत्थर तो नहीं

तूने ढाया है सितम
तो यही समझेंगे हम
अपनी क़िस्मत ही...

फ़िल्म में इस गाने के यही दो अंतरे आए हैं, लेकिन दान सिंह ने इसके तीन अंतरे रिकॉर्ड किए थे। तीसरा अंतरा उन्होंने मुझे कई बार सुनाया, जो इस प्रकार था–

क्या हुआ तूने उठा डाला
अगर महफ़िल से
हो गई होगी ख़ता
कोई हमारे दिल से
दिल से होती न ख़ता
तो भी हो जाती सज़ा
अपनी क़िस्मत ही कुछ ऐसी थी
के दिल टूट गया।

'क़यामत' से पहले

फ़िल्म 'माइ लव' में दान सिंह की धुनों से सजे सदाबहार गाने– 'ज़िक्र होता है जब क़यामत का, तेरे जलवों की बात होती है' से पहले शशि कपूर और शर्मिला टैगोर के बीच एक लंबा संवाद दिखाया गया है। एक जंगल में पेड़ पर बने बड़े मचाननुमा एक रेस्टोरेंट की रेलिंग पर दोनों की बातचीत शुरू होती है, जिसमें पीली साड़ी में शर्मिला टैगोर आंखें बंद किए रेलिंग के पास खड़ी हैं। ब्राउन कोट और पीली शर्ट में शशि कपूर लकड़ी की सीढ़ियां तेजी से

चढ़कर ऊपर उनके पास पहुंचते हैं। बैकग्राउंड में दूर एक टेबल पर चाय-कॉफी पीते हुए एक धुंधली आकृति दिखाई देती है। संवाद इस तरह शुरू होते हैं-

शशि कपूर : **आंखें खोलो संगीता।**

शर्मिला टैगोर : **आंखें तो कब की खुल चुकी हैं। राजकुमार साहब आप मुझे इतनी भोली न समझिए।**

शशि : **मैं जानता था तुम नाराज़ होगी। यह ग़लती मेरी नहीं, मेरे डैडी की है। वो चाहते हैं कि रानी से मेरी शादी हो जाए।**

शर्मिला : **तो क्या बुरा चाहते हैं? रानी अमीर है। आप की तरह आजाद ख़यालों की है।**

शशि : **यह बनावट ही तो मुझे रानी से दूर करती है संगीता।**

शर्मिला : **लेकिन आप ख़ुद भी तो इस बनावट के आदी हैं। उस खेल के जो आप मुझसे खेलते रहे हैं।**

शशि : **समझने की कोशिश करो संगीता, तुम मेरे लिए सगाई हो, खेल नहीं। फ़र्क़ सिर्फ़ इतना है कि तुमने मुझे नहीं जाना। यह भी नहीं समझा कि इस हंसते हुए चेहरे के पीछे एक उदासी है। इस दिखावे के अंदर एक सच्चो प्यार और ख़ुशियों की तलाश है।**

शर्मिला : **प्यार? काश! आप जानते कि प्यार क्या है? मैं क्या हूं? कौन हूं? लेकिन आपके**

पास फ़ुरसत कहां? आपकी ज़िंदगी में कई लड़कियां होंगी। मैं उनमें से एक हूं।

(ऊपर से पेड़ की एक टहनी शशि कपूर के ऊपर झुकती है। शर्मिला टैगोर की आंखों में आंसू हैं।)

शशि : *(लगभग चीख़ते हुए)* नहीं, यह झूठ है। मैंने पहली बार जाना कि अहसास क्या होता हैं।

शर्मिला : और मैंने पहली बार जाना कि मैं एक भूल करने जा रही थी। अनजाने में अपने आपको आपके हवाले कर रही थी, जो कि नई गाड़ी, नए सूट, नए जूते की तरह प्यार को खरीदना एक फ़ैशन समझते हैं।

शशि : संगीता...।

शर्मिला : आप यह तक नहीं जानते कि आपकी इस कामयाबी और शोहरत की मेरी ज़िंदगी में कोई क़ीमत नहीं है। मैं एक ग़रीब लड़की हूं और प्यार के ज़रा से भरोसे पर सारी ज़िंदगी बिता सकती हूं। लेकिन आप यह क्या समझ पाएंगे?

(पार्श्व में मद्धिम गति से बांसुरी बजने और चिड़िया के चहचहाने की आवाज़ें आ रही हैं)

शशि : तो समझ लो मैं क्या समझता हूं क्या नहीं—वो तुम ही हो जिससे बात करने के लिए पहले मुझे दस बार सोचना पड़ता है, जिसका हाथ थामने से पहले मेरे दिल की धड़कनें रुक जाती हैं। वो तुम ही हो, जिसने मुझे समझाया कि दिल क्या है, प्यार क्या है, लेकिन अफ़सोस कि तुम ही नहीं समझना चाहती।

शर्मिला : इसलिए कि जो आप हैं, मैं वो नहीं। हम दोनों में बहुत फ़ासला है, दूरी है, फ़र्क़ है। मैं आपके हाथों का खिलौना नहीं बनना चाहती। भगवान के लिए मुझे अकेला छोड़ दो।

(शर्मिला टैगोर तेजी से चलते हुए नीचे सीढ़ियां उतरती है। पीछे-पीछे शशि कपूर भागकर आते हैं और आवाज़ देते हैं)

शशि : संगीता...संगीता...संगीता...मेरी बात तो सुनो। तुम समझती क्यों नहीं कि मैं...।

(दोनों नीचे जंगल में आते हैं। पहाड़ पर एक लाल फूल का पौधा लहरा रहा है। शशि कपूर का गाना शुरू होता है)

फ़िल्म में इस गाने के तीन अंतरे हैं–

ज़िक्र होता है जब क़यामत का
तेरे जलवों की बात होती है
तू जो चाहे तो दिन निकलता है
तू जो चाहे तो रात होती है।

तुझको देखा है मेरी नज़रों ने
तेरी तारीफ हो मगर कैसे
के बने ये जुबां नज़र कैसे
के बने ये नज़र जुबां कैसे
ना जुबां को दिखाई देता है
ना निगाहों से बात होती है।
तू चली आए मुस्कराती हुई
तो बिखर जाएं फूलों की कलियां
तू चली जाए उठ के पहलू से
तो उजड़ जाएं फूलों की गलियां
जिस तरफ़ होती है नज़र तेरी
उस तरफ़ कायनात होती है।

तू निगाहों से ना पिलाए तो
अश्क भी पीने वाले पीते हैं
वैसे जीने को तो तेरे बिन भी
इस ज़माने में लोग जीते हैं

ज़िंदगी तो उसी को कहते हैं
जो बसर तेरे साथ होती है।

हालांकि दान सिंह के संगीत में इसके चार अन्तरे रिकॉर्ड हुए थे।

इस गाने का जो चौथा अंतरा फ़िल्म में नहीं आ पाया, वो इस प्रकार है–

यूं बिखरकर हसीन चेहरे पर
तेरे गेसू कमाल करते हैं
के तेरे आस्तां पे दीवाने
तुझसे झुककर सवाल करते हैं
ना कहे तो जनाज़े उठते हैं
हां कहे तो बरात होती है
ज़िक्र होता है जब क़यामत का...।

पेंजी वांगो

'माइ लव' फ़िल्म में दान सिंह के संगीत निर्देशन में एक गीत मोहम्मद रफी ने भी गाया था। मोहम्मद रफी ने यह गीत लगभग उसी अंदाज़ में गाया है, जैसे वे शम्मी कपूर के उछल-कूद वाले गानों के लिए मस्ती में गाते थे।

इस गाने के मुखड़े में एक शब्द आता है–'पेंजी वांगो' दरअसल 'माइ लव' फ़िल्म अफ़्रीका की पृष्ठभूमि पर बनाई गई थी और इसकी शूटिंग भी केन्या के नेरोबी व अरूशा के साथ ही

तंजानिया में की गई थी। पूर्वी अफ्रीका के तंजानिया, केन्या, युगांडा और डेमोक्रेटिक रिपब्लिक ऑफ कांगो आदि देशों में 'किसवाहिली' भाषा बोली जाती है, जिसमें 'पेंजी वांगू' का मतलब होता है–'माइ लव।' अंग्रेजी में इसे इस तरह लिखा जाता है–MPENZI WANGU संगीत में मीटर के हिसाब से इसे कर दिया गया–'पेंजी वांगो।'

यह गाना इस प्रकार है–

ये तुम्हारे रास्ते में
फूल क्यूं खिलाती नहीं
ये तम्हारे हर क़दम पे
नैन क्यूं बिछाती नहीं
क्या पता नहीं
इस बहार को
तुम कौन हो
तुम मेरा प्यार हो
माइ लव...पेंजी वांगो।

हर कली को चाहिए कि
सर झुकाए ऐ सनम
हर किसी को चाहिए कि
बढ़ के चूम ले क़दम
ये अदा, ये नज़र
किसी को भी मिली नहीं

क्या पता नहीं
इस बहार को...

ये नजारे हैं जहां
वहीं पे बस रुके रहें
जब तलक गुजर न जाओ
तुम, सभी झुके रहें
ये अदा, ये नज़र
किसी को भी मिली नहीं
क्या पता नहीं
इस बहार को
तुम कौन हो
तुम मेरा प्यार हो
माइ लव...पेंजी वांगो।

'माइ लव' फ़िल्म में इसके अलावा दान सिंह के संगीत निर्देशन में आशा भोंसले ने भी तीन गाने गाए हैं। इसमें एक गाना है–

सुनाते हैं सितारे रात भर
सबको ये अफ़साना
कहीं पे एक शम्मा थी
कहीं पे एक परवाना...

इस गाने के मुखड़े में आशा भोंसले आह भरती हुई सुनाई देती हैं और सुबकती भी हैं। अफ्रीका में फ़िल्माए गए इस गाने की सिचुएशन पर जयपुर के गीतकार हरिराम आचार्य ने भी एक गीत

लिखा था, लेकिन वह फ़िल्म में शामिल नहीं हो पाया। 'माइ लव' के सभी गाने आनंद बख्शी से लिखाए जाने के अनुबंध के कारण संभवत: ऐसा नहीं हो पाया।

इस गीत की सिचुएशन यह थी कि एक कार्यक्रम में अफ्रीका आने वाले एक सांस्कृतिक दल में प्रचारित की गई नामी हस्तियां नहीं आईं तो दूसरे लोगों ने महफ़िल ज़माने की कोशिश की, लेकिन लोग उठकर जाने लगे। बाद में गीत शुरू होते ही फिर वे वापस बैठने लगते हैं। इस सिचुएशन पर हरिराम आचार्य ने यह गाना लिखा था–

पलकें बिछा के तुमने
जिस चांद को पुकारा
वो तो नहीं .फ़लक पर
उतरे हैं कुछ सितारे।
यूं बेनियाज होकर
महफ़िल से उठने वालो
जैसे भी अहल .फ़न है
मेहमां तो हैं तुम्हारे।

तुम्हारी बज़्म में
अरमां भरा दिल लेकर आए हैं
लबों पर प्यार के गीतों की
महफ़िल लेकर आए हैं।

'माइ लव' में आशा भोंसले ने जो दूसरा गाना गाया है, उसमें उनकी कशिश भरी आवाज़ और दान सिंह की धीमी व सुरीली धुन ने गाने को ख़ूबसूरत बना दिया है।

यह गाना उस ज़माने में चला भी बहुत था–

गुज़र गए जो हसीं ज़माने
ख़याल में फिर उभर रहे हैं
उदास दिल की बुझी उमंगों में
इक नया रंग भर रहे हैं...

आशा भोंसले का प्यार में भीगा तीसरा नग़मा भी मदमस्त कर देने वाला है–

भीगी-भीगी रात में
हो गई उनसे मुलाक़ात
कहूं क्या आगे तौबा रे।
ऐसी थी बरसात
छुड़ा के सांवरिया का हाथ
कहां कोई भागे तौबा रे।

दान सिंह ने 'माइ लव' फ़िल्म में सुरों की अच्छी बरसात की थी, लेकिन उनकी क़िस्मत ही कुछ ऐसी थी कि सुरीले गीतों वाली यह फ़िल्म भी बॉक्स ऑफ़िस पर टिक नहीं पाई और ऊपर से बहकर निकल गई।

एक पूरी फ़िल्म का अधूरा सफ़र

संगीतकार दान सिंह ने बॉलीवुड को अपनी जिस फ़िल्म में सबसे सुंदर धुनों की सुरीली सौग़ात दी, उसे दान सिंह की तरह ही भुला दिया गया। इस फ़िल्म के गीतों में एक से एक नायाब सुरों के झरने फूटे, जिनकी कल-कल करती नशीली धुनों का जादू कभी लोगों के सिर चढ़कर बोला, लेकिन बाद में वह एक शांत नदी की तरह बहकर कहीं दूर चला गया। यह फ़िल्म थी- 'भूल न जाना।'

दरअसल, 1965 में हुए भारत-चीन युद्ध की पृष्ठभूमि पर शुरू हुई फ़िल्म 'भूल न जाना' के निर्माता जगन शर्मा को आर्थिक संकटों से जूझने के लिए इतने महाभारत लड़ने पड़े कि फ़िल्म पूरी होते-होते 1971 में भारत-पाक युद्ध का मुकाम आ गया। फ़िल्म फिर भी पूरी नहीं हुई। फिर बांग्लादेश के शरणार्थी शिविरों में कुछ दृश्य फ़िल्माकर किसी तरह इसे पूरा कर लिया गया, लेकिन जगन शर्मा का महाभारत यहां भी खत्म नहीं हुआ। अन्ततः विदेश मंत्रालय से इस फ़िल्म के प्रसारण को हरी झंडी नहीं मिली और अफ़सरशाही के लालफीतों ने फ़िल्म 'भूल न जाना' को डिब्बे में बंद कर भूल जाने को मजबूर कर दिया। जगन शर्मा इस फ़िल्म के महाभारत में अभिमन्यु की तरह फंसकर रह गए।

'भूल न जाना' फ़िल्म रिलीज़ नहीं हो पाई, लेकिन जब 70 के दशक में इसके गाने रिलीज़ हुए तो उन्होंने जमकर धूम मचाई। दान सिंह के संगीत निर्देशन में गुलज़ार के लिखे और मुकेश के गाये गीत 'पुकारो मुझे नाम लेकर पुकारो' ने फ़िल्म संगीत को एक नई कविताई और धुन दी। इसी फ़िल्म में गीता दत्त के गाए गीत 'मेरे हमनशीं, मेरे हमनवां, मेरे पास आ, मुझे थाम ले' की कशिश आज भी कम नहीं हुई है।

'भूल न जाना' फ़िल्म की कहानी तिब्बत में रह रहे दो भारतीय परिवारों की कहानी है, जिन पर चीनी फ़ौजों के अत्याचार दिखाए गए हैं। इनमें एक परिवार एक प्रोफेशनल डॉक्टर का है, जिसमें डॉक्टर की भूमिका में पिंचू कपूर थे। दूसरा परिवार जगन शर्मा का है, जो फ़िल्म निर्माता होने के साथ इसमें नायक की भूमिका भी अदा कर रहे थे। जगन के पुत्र प्रदीप शर्मा (टूटू) ने इसमें बाल कलाकार की भूमिका निभाई जो फ़िल्म में जगन शर्मा के भानजे बने हैं। यह वही टूटू हैं, जिनका आगे चलकर फ़िल्म अभिनेत्री पद्मिनी कोल्हापुरे से विवाह हुआ। फ़िल्म की नायिका जोधपुर निवासी कमला कछावा थीं, जो फ़िल्म में पिंचू कपूर की बेटी बनी हैं। फ़िल्म में चीनी फ़ौजों की यातनाओं के साथ ही जगन शर्मा और कमला कछावा के बीच प्रेम कहानी भी चलती है।

फ़िल्म में दिखाया गया है कि तिब्बत पर क़ब्ज़ा करने के बाद चीनी फ़ौजें तिब्बतियों पर कैसे अत्याचार करती हैं। तिब्बती 'गुरिल्ला युद्ध' में जुटे रहते हैं और इन विद्रोहियों को 'खंपा' कहा जाता है। फ़िल्म का एक दृश्य है, जिसमें चीनी फौजियों की बंदूक से घायल एक खंपा को डॉक्टर बने पिंचू कपूर के पास लाया जाता है। घायल को टेबल पर लेटाया जाता है, जिसका काफ़ी ख़ून

निकल चुका है। डॉक्टर ऑपरेशन की तैयारी में है। तभी चीनी फ़ौजी आते हैं और डॉक्टर से कहते हैं कि फौरन चलो, हमारे कमिस्सार (एक तरह का कमांडर) की तबीयत बहुत ज़्यादा ख़राब है। डॉक्टर कहता है कि इसका अभी ऑपरेशन करना बहुत ज़रूरी है, मैं अभी चल नहीं सकता। चीनी फ़ौजी घायल 'खंपा' को शूट कर देते हैं और डॉक्टर को उठाकर ले जाते हैं।

इस घटना से डॉक्टर भीतर तक हिल जाते हैं और मन बना लेते हैं कि अब अपने मुल्क भारत वापस चलना चाहिए। वे नायक जगन शर्मा से भी कहते हैं कि हिन्दी-चीनी भाई-भाई का नारा केवल एक छलावा है और यह मुल्क अब हमारे रहने के लायक नहीं रह गया है। इसमें दिक़्क़त यह थी कि खुलेआम तिब्बत छोड़कर जाया नहीं जा सकता था। दोनों परिवार चोरी-छिपे भारते जाने की योजना बनाते हैं।

फ़िल्म में बताया गया है कि भारतीय परिवारों को किस तरह शक की नज़र से देखा जाता है और किसी के हाथ कोई सामान्य काग़ज़ भी लग जाए तो उसे नक्शा समझा जाता है। यहां तक कि स्कूल में एक मैट्रन भी भारतीय बच्चों पर निगरानी रखती है। फ़िल्म में स्कूल का एक दृश्य है जिसमें नायक का भानजा (टूटू) पढ़ता है। टूटू को ज़मीन पर पड़ा हुआ एक काग़ज़ मिलता है। मैट्रन उसे देख लेती है। टूटू इसे खेल की तरह लेता है और जब मैट्रन आकर काग़ज़ मांगती है तो वह हाथ में पीछे छिपा लेता है। मैट्रन काग़ज़ छीनने की कोशिश करती है तो टूटू भागता है। वो पीछे-पीछे भागती है। जब मैट्रन टूटू के पास पहुंचने लगती है तो वह एक दूसरे बच्चे को काग़ज़ पास कर देता है जो उसे लेकर भाग जाता है।

इस दृश्य में हरिराम आचार्य का लिखा एक गाना फ़िल्माया गया है, जिसे सुमन कल्याणपुर ने गाया था–'चूहे दौड़े बिल्ली आई, बिल्ली क्या एक आफत आई।' राजस्थान के माउंट आबू में तिब्बतियों का अब भी एक स्कूल चलता है। वहां इस गाने की शूटिंग की गई।

यहां दान सिंह की धुन से सजे हरिराम आचार्य के एक और गाने की बात कर लेते हैं, जिसे गीता दत्त ने अपनी कशिश भरी आवाज़ में गाया है। इस गाने की सिचुएशन यह थी कि तिब्बत से दोनों भारतीय परिवार अलग-अलग रास्तों से अलग-अलग समय पर चोरी-छिपे भारत आने के लिए निकलते हैं। कुछ पता नहीं कि भारत कैसे पहुंचेगे और पहुंच भी पाएंगे या नहीं। तब नायक के बिछोह में नायिका गाती है–

मेरे हमनशीं, मेरे हमनवां
मेरे पास आ, मुझे थाम ले

हरिराम आचार्य ने यह गीत सूफ़ी गायन की मसनवी शैली में लिखा है, जिसमें दर्द छलककर आया है। इसमें शहनाई का ख़ूबसूरत इस्तेमाल हुआ है, और हरिप्रसाद चौरसिया की बांसुरी के सुर दिल को झंकृत कर देते हैं। दान सिंह ने पूरी रात बैठकर यह धुन बनाई। रात के आख़िरी पहर में जब दिन निकलने वाला था, तब अचानक दान सिंह के सुर फूटे–'मेरे हमनशीं, मेरे हमनवां।' बहुत बाद में बनी बॉर्डर फ़िल्म में इस मीटर को सुना जा सकता है–'मेरे हमसफ़र, मेरे हमसफ़र।'

गीता दत्त के पास जब मुंबई में रिकॉर्डिंग के लिए यह गाना आया तो उन्होंने निर्माता जगन शर्मा से कहा–'यह गीत किसने

लिखा है, उन्हें बुलवाइए।' जगन शर्मा ने कहा कि हरिराम आचार्य ने यह लिखा है, जो यहां से बहुत दूर हैं। जयपुर रहते हैं। इसके बावजूद गीता दत्त के अनुरोध पर हरिराम आचार्य को मुंबई बुलवाया गया।

दरअसल, यह वो दौर था जब गीता दत्त के गुरुदत्त से रिश्ते लगभग ख़त्म हो चुके थे। शायद उनकी स्वयं की अनुभूति से यह गाना टकरा गया था। हरिराम आचार्य बताते हैं-'मैं जब मुंबई में गीता दत्त के बताए गए पते पर पहुंचा तो बाहर बैठ गया। अंदर सूचना दी गई तो उन्होंने मुझे अपने बेडरूम में ही बुलवा भेजा। वहां जगन शर्मा और दान सिंह भी बैठे थे। गीता दत्त ने मुझे ऊपर से नीचे तक देखा और कहा-'आपने यह जो गीत लिखा है, वह मेरे दिल में उतर गया। आपने यह कैसे कंसीव किया?'

हरिराम आचार्य ने बताया कि उन्हें जिस तरह की गाने की सिचुएशन दी गई थी, उसी को अपने जेहन में उतारकर यह गीत लिखा है। गीता दत्त के कक्ष में ही गीत की रिहर्सल शुरू हुई। गीत को गाते-गाते गीता दत्त के आंसू फूट पड़े। रिहर्सल को वहीं रोक दिया गया। माहौल ग़मगीन हो गया।

हरिराम आचार्य इस गाने की रिकॉर्डिंग का एक दिलचस्प वाक़या बताते हैं। रिकॉर्डिंग के समय कंसोल में संगीत निर्देशक दान सिंह और विख्यात रिकॉर्डिस्ट मीनू कात्रिक के साथ मुकेश भी बैठे थे, जो गीता दत्त को अपनी बहन मानते थे। गीता दत्त के आंसुओं ने बीच में एक बार रिकॉर्डिंग रोक दी थी। वे गाने को अपने हाथ से बंगाली अंदाज़ में लिख लेती थीं। इस गाने में एक पंक्ति थी-'ऐ बहार-ए-दिल, ऐ सुकून-ए-जां।' गीता दत्त ने शायद सुकून के 'न' को 'ल' लिख लिया होगा, इसलिए वे

'सुकूल' उच्चारण कर रही थीं। रिकॉर्डिंग फिर रुक गई। तब मुकेश कंसोल से चिल्लाए–"अरे मेरी बंगालन यह तेरा 'स्कूल' नहीं है, सुकून है सुकून।" इस पर स्टूडियो में जैसे सारा तनाव दूर हो गया। इसकी रिकॉर्डिंग के समय मीनू कात्रिक के हुनर का भी लोगों को तब अंदाज़ हुआ जब उन्होंने कई साजों के बीच हल्के लग रहे एक साज के सुर को पकड़ लिया और उसे ठीक कराया। गीता दत्त ने यह गाना बड़े मन से गाया और अपना सारा दर्द इस गाने में उंड़ेल दिया।

'भूल न जाना' में मुकेश ने गुलज़ार लिखित गीत–'पुकारो मुझे नाम लेकर पुकारो' भी बहुत तबीयत से गाया है, जो उनके सर्वश्रेष्ठ गीतों में शुमार हो सकता है, लेकिन ग्रामोफ़ोन कंपनियों ने भी इस गीत के साथ न्याय नहीं किया। यहां यह भी बताते चलें कि मुकेश जब गाने की रिकॉर्डिंग कराते थे तो उन्हें हारमोनियम हाथ में रखने की आदत थी। उनका हारमोनियम बजता नहीं था, लेकिन गाने के दौरान उस पर उनका हाथ चलता रहता था। कल्पना ही की जा सकती है कि जब मुकेश ने दान सिंह के संगीत निर्देशन में गुलज़ार का लिखा यह रूमानी गीत गाया होगा तो हारमोनियम पर उनके हाथ कैसे मचल रहे होंगे। इस गीत का मुखड़े के साथ एक अंतरा ही देखें। क्या कुछ नहीं है इसमें–

पुकारो मुझे नाम लेकर पुकारो
मुझे तुमसे अपनी ख़बर मिल रही है
ख़यालों में तुमने भी देखी तो होंगी
कभी मेरे ख्वाबों की धुंधली लकीरें
तुम्हारी हथेली से मिलती हैं जाकर

मेरे हाथ की ये अधूरी लकीरें
बड़ी सर चढ़ी हैं ये ज़ुल्फ़ें तुम्हारी
ये ज़ुल्फ़ें मेरे बाज़ुओं में उतारो
पुकारो मुझे नाम लेकर पुकारो...।

दान सिंह ने इस गाने में ऐसा संगीत दिया है कि 'पुकारो' का आग्रह संगीत में ही अभिव्यक्त हो जाता है। शब्दों की अदायगी की जैसे ज़रूरत ही नहीं।

'भूल न जाना' फ़िल्म बेशक तिब्बत की पृष्ठभूमि पर थी, लेकिन इसकी पूरी शूटिंग राजस्थान में हुई। इसमें माउन्ट आबू के पहाड़ों को कलात्मक ढंग से फ़िल्माया गया और जयपुर की गलता घाटी को भारत-चीन के बॉर्डर में बदलकर शूटिंग के लिए इस्तेमाल किया गया। फ़िल्म में एक दृश्य है कि जब चीनी फ़ौज के अत्याचारों से त्रस्त लोग भारत की ओर पलायन कर रहे हैं। जगन शर्मा और पिंचू कपूर के परिवार भी अलग-अलग दिशाओं से लुकते-छिपते निकलते हैं। वे हिमालय की वादियों में जाकर मिलते हैं। भारत की सरहद के नजदीक आ जाते है। तब उन पर गोलियां बरसाई जाती हैं। चीनी फ़ौजी टिड्डी दल की तरह टूट पड़ते हैं। इसे प्रतीकात्मक ढंग से दिखाने के लिए एक दृश्य फ़िल्माया जाता है, जिसमें सफेद मिट्टी के एक ढेर पर चींटियां चलती दिखाई देती हैं। तब सरहदी गांव वालों को कॉल देने के लिए एक गीत पार्श्व में चलता है। हरिराम आचार्य का लिखा यह गीत दान सिंह की धुन पर मन्ना डे ने गाया है-'उठो हिन्द की सरज़मीं ने पुकारा। बही है जवां ख़ून की आज धारा।'

जयपुर की गलता घाटी में भी यह गाना फ़िल्माया गया था। इसमें एक अद्‌भुत दृश्य है। चीनी फ़ौजियों की गोलियों से हीरो-हिरोइन भी घायल हो गए हैं। पहाड़ में अलग-अलग दिशाओं में हीरो और हिरोइन के ख़ून की धाराएं बहकर नीचे की ओर चलती हैं और आगे जाकर ख़ून की ये दोनों धाराएं मिल जाती हैं। तभी गाने में मन्ना डे के स्वर उभरते हैं-

यह बहता ख़ून तीरथ है
यह है बलिदान की रोली
अहद है यह शहीदों का
यह है प्राणों की रंगोली
क़सम इस ख़ून की लेकर
क़फ़न सर बांधकर आओ
जवानो बढ़ चलो, दुश्मन से
आंधी बनकर टकराओ।

गलता घाटी का ही एक दृश्य है। पिंचू कपूर और उनके साथ बहुत से लोग ऊपर पहाड़ से उतरकर हिन्दुस्तान की तरफ़ आ रहे हैं। नीचे कैमरे लगे हैं। चीनी फ़ौज की दनादन गोलियां चलती हैं। डॉक्टर (पिंचू कपूर) की मौत हो जाती है। हीरो भी गोली से घायल हो जाता है। वह बॉर्डर पर है और मरने से पहले भारत की सीमा को छूकर चूम लेना चाहता है। धीरे-धीरे रेंग रहा है....ख़ून से लथपथ।

यहां मुकेश का एक ग़मगीन गाना फ़िल्माया गया है। हरिराम आचार्य लिखित इस गाने की दान सिंह ने बेहतरीन कंपोजिशन

बनाई है, इस गाने में दान सिंह के सहायक के रूप में लक्ष्मीकांत ने मेंडोलिन और हरिप्रसाद चौरसिया ने बांसुरी बजाई थी जिनके सुर दिल में सीधे उतरते हैं। मुकेश भी इसमें एक सुर से दूसरे सुर तक सहज ढंग से जाते हैं–

ग़मेदिल किससे कहूं
कोई भी ग़मख़ार नहीं
हैं सभी ग़ैर यहां
ज़ख़्मे दिल की ये जलन
क़ाबिले इज़हार नहीं
छुपकर रहना है यहां...।

इसके मुखड़े में तीन पद हैं, जिसे फ़ारसी में 'मुस्तगात' कहते हैं। इस पर लोगों ने कम ही क़लम चलाई है।

हरिराम आचार्य ने इस फ़िल्म में इसके अलावा भी और कई गाने लिखे हैं। 'भूल न जाना' फ़िल्म के लिए हरिराम आचार्य को जब गीत लिखने का प्रस्ताव मिला, उस घटना को वे आज भी नहीं भूलते। उन्हीं के शब्दों में सुनिए–

"वह 31 जनवरी, 1963 का दिन था। फ़िल्म निर्माता जगन शर्मा का मेरे पास बुलावा आया। जयपुर के पोलोविक्ट्री होटल में मुलाक़ात हुई। उस समय वहां दान सिंह भी थे। मुझे गीत लिखने के लिए एक सिचुएशन दी गई और इसके लिए अगली बैठक 2 फरवरी की तय की गई। उस रात मैं सो नहीं पाया। मुझे पहली बार फ़िल्म में गाना लिखने का अवसर मिला था। मैं कवि सम्मेलनों के मंच पर गीत गाता रहा हूं। मैं सोच रहा

था कि मंच पर तो पट्टेबाज़ी चल जाती है, लेकिन यहां तो मर्म पकडने़ की बात थी, जो लोगों के दिल तक पहुंच सके। नींद उड़ चुकी थी। मैंने रात भर बैठकर गीत लिखा। मेरे लिए यह एक परीक्षा की घड़ी थी।

2 फरवरी, 1964 को जब दुबारा मुलाक़ात हुई तो मैंने जगन जी को गाना थमा दिया। उन्होंने कहा–गाकर बताओ। मैंने गा दिया। वे मुझे पहली मुलाक़ात से ही प्रोफ़ेसर कहने लगे थे। कहा–'प्रोफ़ेसर, दुबारा गाओ।' मैंने दुबारा गा दिया। बाद में उन्होंने गाना दान सिंह जी को सौंपते हुए कहा–'आई हैव गॉट द सांग। प्लीज़ कंपोज़।'

'मेरी ख़ुशी का ठिकाना नहीं था। मैं गद्गद था। यह वही गाना था, जो मन्ना डे ने गाया–'बही है जवां ख़ून की आज धारा, तुम्हें हिंद की सरज़मीं ने पुकारा।'

'मुझे बाद में पता चला कि दान सिंह ने मेरी एक ग़ज़ल से प्रभावित होकर मुझे गीत लिखने का प्रस्ताव भिजवाया था। यह ग़ज़ल 1957 में आकाशवाणी, मुंबई से प्रसारित हुई थी, जो रेडियो आर्टिस्ट अम्बर कुमार ने गायी थी–

रात ख़ामोश है, चांद मदहोश है,
थाम लेना मुझे, जा रहा होश है।

'बाद में यही ग़ज़ल जगजीत सिंह ने भी गाई। वैसे दान सिंह जी कभी आकाशवाणी, दिल्ली में बड़े-बड़े साहित्यकारों की रचनाओं का पाठ किया करते थे। तब उन्होंने मेरे भी कुछ गीत गाए थे। यह 1956 की बात है।'

वैसे तो दान सिंह ने अपने ज़्यादातर गानों की ग़मगीन धुनें ही बनाई हैं, लेकिन इसी फ़िल्म में हरिराम आचार्य के लिखे एक रोमांटिक गाने को उन्होंने नए ढंग की धुन से सजाया है–

गोरा–गोरा मुखड़ा ये तूने कहां पाया है
तू है गौरी चोर तूने चांद को चुराया है
अमावस की रात है ये हुई कैसे रोशनी
नहीं है गगन में चंदा छाई कैसे चांदनी
धीरे–धीरे पर्दा तूने चेहरे से हटाया है।

मुकेश ने थोड़े खिलंदड़ अंदाज़ में यह गाना गाया है। दान सिंह ने सबसे ज़्यादा मुकेश से ही गाने गवाए। उन्हें याद करते हुए दान सिंह कहते थे–मुकेश बहुत ज़िंदादिल आदमी थे। वे अपने ऊपर ही मज़ाक़ कर लेते थे। कोई बेसुरा गाता तो वे कहते–ये मेरी नक़ल कर रहा है।

'भूल न जाना' में दान सिंह ने इंदीवर का लिखा एक और रोमांटिक गाना कंपोज किया था, जिसे आशा भोंसले ने गाया है–

झुका लो बड़े–बड़े नयना
हिरण का धोखा होता है
शिकारी कोई तीर चला देगा।

इंदीवर ने 'भूल न जाना' के लिए ही एक गाना और लिखा था, जो कंपोज़ होने के बाद उन्होंने वापस ले लिया और निर्माता जगन शर्मा की इजाज़त लेकर उसे फ़िल्म 'सरस्वती चंद्र' के लिए कल्याण जी को दे दिया। यह सदाबहार गीत था–'चंदन सा बदन,

चंचल चितवन, धीरे से तेरा ये मुस्काना।' इसकी आज भी वही धुन बजती है, जो दान सिंह ने बनाई थी, लेकिन दान सिंह को इसका क्रेडिट नहीं मिल पाया।

फ़िल्मों के दृश्यों में अक्सर कट होते हैं लेकिन 'भूल न जाना' फ़िल्म में क्लाइमेक्स तक पहुंचने से पहले ही 'कट' आ गया और फ़िल्म आर्थिक झांझावात में फंस गई। इस बीच दान सिंह को फ़िल्म 'माइ लव' मिल गई। दान सिंह की अगली नज़र अब 'भूल न जाना' पर थी। 'भूल न जाना' फ़िल्म भारत-चीन युद्ध के बाद शुरू हुई थी, लेकिन इसके बनते-बनते 1971 के भारत-पाक युद्ध का दौर आ गया, जिसमें बांग्लादेश एक अलग राष्ट्र बन गया था। युद्ध के दौरान बांग्लादेश से शरणार्थियों के आने का तांता लगा हुआ था। ऐसे में निर्माता जगन शर्मा एक बार फिर फ़िल्म को पूरी करने में जुट गए। उनकी बेचैनी यह थी कि फ़िल्म की रील के अंत में 'द एण्ड' कैसे जोड़ा जाए। इसमें सबसे बड़ी दिक़्क़त यह आ रही थी कि जिस 'टूटू' को फ़िल्म में बाल कलाकार के रूप में शूट किया गया था, वह अब छह फ़ीट का जवान हो चुका था। इसके लिए तरकीब लगाई गई कि फ़िल्म में फ्लैश बैक इस्तेमाल किया जाए। उस समय जयपुर के पास देवली कस्बे में बांग्लादेश के शरणार्थियों का एक बड़ा शिविर लगा हुआ था। फ़िल्म की शूटिंग वहां शुरू की गई। फ़िल्म में ऐसे दृश्य फ़िल्माए गए, जिनमें अब जवान हो चुका टूटू शरणार्थियों की सेवा में जुटा है। अपना मुल्क छोड़ चुके शरणार्थी रोते हैं तो वह उन्हें समझाता है-'आप रो क्यों रहे हो? आपके लिए मुक्तिवाहिनी संघर्ष कर रही है।' एक शरणार्थी कहता है-'उपदेशों से कुछ नहीं होता है। जिस पर बीतती है, वही जानता है।' इस पर टूटू कहता है-'मेरे ऊपर भी बीत चुकी

है। हमने भी मुश्किलें झेली हैं और अपनों को खोया है। 1962 की बात है। मैं बहुत छोटा था...' और फ्लैश बैक शुरू हो जाता है।

1972 में यह फ़िल्म बनकर तैयार हो गई, जिसे सेंसर बोर्ड ने देशभक्ति से भरपूर फ़िल्म बताते हुए एक अच्छी टिप्पणी के साथ पास कर दिया। लगा कि अब फ़िल्म रिलीज़ हो जाएगी, लेकिन यह विदेश मंत्रालय में जाकर फंस गई।

इस फ़िल्म से जुड़े हरिराम आचार्य बताते है–'विदेश मंत्रालय में एक बड़े अफ़सर होते थे–शैलेन्द्र सिंह। वे कभी अफ़ग़ानिस्तान के राजदूत भी रह चुके थे। वे अड़ गए। पहले तो उन्होंने इसी बात पर आपत्ति जताई कि 'आपने मिलिट्री वाले सीमावर्ती क्षेत्र में किसकी इजाज़त से फ़िल्म शूट की? परमिशन दिखाइए।' उन्हें बताया गया कि 'यह शूटिंग मिलिट्री क्षेत्र में नहीं की गई, बल्कि ऐसा भ्रम पैदा किया गया है। यदि आपको ऐसा लगता है तो यह हमारी सफलता है।' इसके बावजूद अफ़सर नहीं माने और कहा कि अब विदेश नीति बदल चुकी है और चीन से मैत्रीपूर्ण संबंध हैं। इस फ़िल्म से दोनों देशों में तनाव पैदा हो सकता है। अफ़सरों ने यहां तक कहा–'यह खतरनाक फ़िल्म है।' इसके साथ ही फ़िल्म डिब्बे में बंद होकर रह गई। यह डिब्बा आज तक नहीं खुला। एक पूरी बन चुकी फ़िल्म का यह अधूरा सफ़र था, जिसने कई लोगों के भविष्य के रास्ते बंद कर दिए। फ़िल्म का रिलीज़ होने से पहले ही 'द एंड' हो गया।

फ़िल्में और भी थीं...

'भूल न जाना' के बाद निर्माता जगन शर्मा ने और भी कई फ़िल्मों की योजना बनाई थी, जिनमें दानसिंह ही संगीत देने वाले थे, लेकिन उनकी क़िस्मत ही कुछ ऐसी थी कि ये फ़िल्में फ्लोर पर ही नहीं आ पाईं।

जगन शर्मा ने 'भूल न जाना' फ़िल्म की शूटिंग में साउंड रिकॉर्डिंग के लिए पूरा सेटअप ख़रीदा था जो काफ़ी महंगा आता था। उन्होंने दोस्ती में यह के. आसिफ को 'मुग़ले आज़म' और सुनील दत्त को 'रेशमा और शेरा' की शूटिंग में रिकॉर्डिंग के लिए दिया था। सुनील दत्त से जगन शर्मा की बहुत अच्छी दोस्ती थी और उन्होंने सुनील दत्त को लेकर एक फ़िल्म की योजना बनाई थी। पहले इस फ़िल्म का नाम 'महफ़िल' सोचा गया था, जिसे बाद में बदलकर 'शायर' कर दिया गया। यह फ़िल्म उर्दू शायर की ज़िंदगी पर बनाई जानी थी, जिसमें शायर की भूमिका सुनील दत्त को करनी थी। हरिराम आचार्य ने इसकी नज़्में भी लिख दी थीं, जो कंपोज़ होने की प्रक्रिया में थीं। इनमें एक नज़्म राग भैरवी में कंपोज़ हो चुकी थी, जिसे महेन्द्र कपूर को गाना था। इस बारे में हरिराम आचार्य बताते हैं–एक बार महेन्द्र कपूर जयपुर आए हुए थे। मैं, दानसिंह और जगन शर्मा एक कार में महेन्द्र कपूर के साथ

जा रहे थे। जगन शर्मा ने गाड़ी में ही मुझसे कहा–प्रोफ़ेसर साहब वो नज़्म भापाजी को सुनाओ।

इस नज़्म का मुखड़ा इस प्रकार था–

मेरी ज़िंदगी में शामिल
मेरे राज़दां तुम्हीं हो
के तलाश उम्र भर की
मेरे मेहराबां तुम्हीं हो

आचार्य ने जब यह नज़्म सुनाई तो महेन्द्र कपूर उछल पड़े और बोले–'इसे तो मैं ही गाऊंगा।' लेकिन ऐसा वक़्त ही नहीं आया।

यही नहीं, 'लैला–मजनूं' की तर्ज़ पर राजस्थान की लोक प्रेम कथा 'मूमल–महेन्द्र' पर आधारित इसी नाम से एक और फ़िल्म की योजना भी जगन शर्मा ने बनाई थी और उसमें सुनील दत्त की कास्टिंग भी हो चुकी थी, लेकिन यह फ़िल्म भी फ्लोर पर नहीं आ पाई।

इससे पहले सुनील दत्त जब फ़िल्म 'रेशमा और शेरा' की राजस्थान में शूटिंग की तैयारी कर रहे थे तब उन्हें राजस्थानी लोक संगीत के जानकार संगीतकार की ज़रूरत थी। जगन शर्मा ने उनसे दानसिंह की मुलाक़ात करा दी थी। बातचीत में यह लगभग तय भी हो गया कि 'रेशमा और शेरा' में संगीत दानसिंह देंगे, लेकिन अंतिम क्षणों में बात बिगड़ गई। जगन शर्मा ने ही कुछ मित्रों को जयपुर के कॉफी हाउस में बताया था कि शायद सुनील दत्त ने ऐसी कोई बात कह दी थी कि संगीत बनाने के बाद उनसे अप्रूव

करा लें। दानसिंह को यह बात पसन्द नहीं आई। मूल बात क्या थी यह तो नहीं पता, लेकिन दानसिंह की क़िस्मत ही कुछ ऐसी थी कि एक बड़ी फ़िल्म आते-आते उनके हाथ से फिसलकर दूर चली गई।

जगन शर्मा ने दानसिंह के संगीत निर्देशन में एक और फ़िल्म की योजना बनाई थी, जिसका नाम रखा गया था-'खिलते फूल' लेकिन यह फ़िल्म भी फ्लोर पर खिलने से पहले ही मुरझा गई।

‘बवंडर’ में उड़ गया नाम

फ़िल्मों में जो व्यक्ति गानों की धुनें तैयार करता है, उसे म्यूज़िक डायरेक्टर कहते हैं, लेकिन फ़िल्म ‘बवंडर’ में निर्माता जगमोहन मूंदड़ा ने दानसिंह के लिए इसका एक नया नाम ईजाद किया–‘सोंग कंपोज़र।’ तो फिर म्यूज़िक डायरेक्टर कौन? इसमें दानसिंह का नाम देना शायद मजबूरी रही होगी, इसलिए यह ऐसे दिया गया–‘म्यूज़िक डायरेक्टर–विश्वमोहन भट्ट/दानसिंह।’ फ़िल्म के छपवाए गए ब्रोशर के भीतरी पन्नों में जहां दानसिंह को ‘सांग कंपोज़र’ और विश्वमोहन भट्ट को ‘बैक ग्राउंड स्कोर’ बताया गया है वहीं मुखपृष्ठ पर म्यूज़िक डायरेक्टर के रूप में दोनों का नाम दिया गया है।

विश्वमोहन भट्ट के बारे में बताया गया है कि उन्होंने इस फ़िल्म में पार्श्व संगीत दिया था। हालांकि दिया या नहीं दिया या कितना दिया, यह कुछ पता नहीं, लेकिन यदि दिया भी हो तो ‘बाज़ार’ का दानसिंह के साथ सलूक देखिए–ग्रेमी अवार्ड से चर्चा में आ जाने के कारण म्यूज़िक डायरेक्टर के रूप में पहला नाम विश्वमोहन भट्ट का दिया गया। छठे और सातवें दशक में अपनी फ़िल्मी धुनों से धूम मचाने वाले जिस दानसिंह के सहायक के रूप में लक्ष्मीकांत और प्यारेलाल जैसे लोगों ने काम किया, उनका नाम विश्वमोहन भट्ट के बाद लिखा गया।

फ़िल्म नगरी की ऐसी ही चालों और षड्यंत्रों से ऊबकर ही दानसिंह मुंबई से जयपुर लौट आए थे, लेकिन मुंबई की कुलाबाटियों ने उनका यहां भी पीछा नहीं छोड़ा।

'बवंडर' फ़िल्म 1999 में रिलीज़ हुई। इसमें दानसिंह की धुनों से सजा प्रमुख गाना है–'केसरिया बालम आओ नी पधारो म्हारे देस।' यह राजस्थान का सर्वाधिक लोकप्रिय मांड गीत है, जिसकी पहली पंक्ति जस की तस लेकर आगे का गीत हरिराम आचार्य ने फ़िल्म की सिचुएशन के हिसाब से लिखा है।

अब दानसिंह की कलाकारी देखिए। मांड जैसे कोमल राग में 'धैवत' नहीं लगता, लेकिन उन्होंने यह लगाकर एक प्रयोग कर डाला। फ़िल्म में एक सिचुएशन यह थी कि नायिका दलित महिला सांवरी देवी के साथ सामूहिक बलात्कार हो चुका है और वह लुट-पिट जाने की पीड़ा के साथ इस आशंका से भी भयभीत है कि उसका पति उसे अपनाएगा या नहीं। लेकिन उसका पति (रघुवीर यादव)आता है। ज़मीन पर पड़ी कान की बाली उसे उठाकर देता है और उसे सहारा देकर घर की ओर ले चलता है। सामने सूरज डूब रहा है। गीत में 'पधारो म्हारे देश' के अर्थों पर टीस पैदा करती हुई इन पंक्तियों के स्वर फूटते हैं–

सांझ ढली, दिन डूबियो
चकवी दीनी रोय
चल चकवा उस देश में
जहां रैन कभी ना होय रे
आओ म्हारे देश, पधारो म्हारे देश

एक ग्रामीण दलित युवती का जब सब कुछ लुट चुका है और वह दुख में भीतर तक डूबी है, तब यहां दानसिंह जी ने 'धैवत' के स्वर लगाकर गाने को मर्मांतक बना दिया है।

गंगा स्नान

'बवंडर' में हरिराम आचार्य ने एक गीत इस तरह लिखा है–

घाघरियो घूमर घालै रे
गोरी–गोरी जांघ्यां ऊपर...
गिलम गिलगिली चालै रे

राजस्थान में जिस घाघरे को पहनकर 'घूमर' नृत्य किया जाता है, उसमें 80 कलियां तक होती हैं। गीत में लिखी पंक्तियों का आशय यही है कि जब घाघरे की अस्सी कलियां गोरी जांघों से टकराती हैं तो गुदगुदी होती है। इसी गाने में आगे पंक्तियां हैं–

घाघरिये की कली–कली में
चम चम बिजली चमकै
तोड़ कमर का कसना म्हारो
जोबन छल–छल छलके।

एक बार शूटिंग के दौरान इस गाने पर फ़िल्म की नायिका नंदिता दास ने चौंककर बुज़ुर्ग हरिराम आचार्य से पूछा–'ये गाना आपने लिखा है?' इस पर हरिराम जी ने कहा–'हां, लिखा तो मैंने ही है, लेकिन सोच रहा हूं कि अब गंगा स्नान को जाऊंगा।' दानसिंह ने इस गाने के संगीत में घूमर के ख़ूबसूरत रंग दिखाए हैं।

हरिराम आचार्य कहते हैं–'दानसिंह जी लोक संगीत का ख़ज़ाना थे। उन्हें कोई भी शब्द दीजिए, वे तुरन्त संगीत निकालकर ले आते थे और वह भी अलग हटकर। गाना आते ही उनके सुरों से धुन निकल आती थी।'

'बवंडर' फ़िल्म राजस्थान की एक सत्य घटना पर आधारित है, जिसमें आंगनबाड़ी की एक साथिन बाल विवाह प्रथा के ख़िलाफ़ आवाज़ उठाने के कारण उसी गांव के पुरुषों द्वारा सामूहिक बलात्कार का शिकार हो जाती है। फ़िल्म में उसका नाम 'सांवरी' रखा गया है। अपमान का विष पी, जीवनपर्यंत चुप रह जाने के बजाय, अपेक्षा के विपरीत यह दलित महिला न्यायालय का द्वार खटखटाती है। नारी–उत्पीड़न, सामंतवाद व पुरुष–प्रधान मानसिकता से ग्रसित समाज में वह न्याय की तलाश में दर–दर भटकते हुए हर क़दम पर अपमान झेलती है। अंततः एक नारी के रूप में गरिमा व साहस का परिचय देते हुए 'सांवरी' एक बलात्कार पीड़ित से बलात्कार विरोध का सक्रिय प्रतीक बन जाती है।

सामूहिक बलात्कार के बाद दलित महिला के मन की पीड़ा जब गीत में ढलती है तो दानसिंह के संगीत में उदासी के स्वर भीतर तक हिला देते हैं। गीत की इन पंक्तियों में गुंथा संगीत झकझोरकर रख देता है–

नास बवंडर कर गयो
आंख्यां भर गयो रेत
रोने से कुछ ना बने
चेत सके तो चेत रे
आओ म्हारे देश, पधारो म्हारे देश

इस फ़िल्म में नंदिता दास और रघुवीर यादव की मुख्य भूमिका के साथ ही दीप्ति नवल और गुलशन ग्रोवर ने भी अभिनय किया है। राजस्थान के रंगकर्म से बरसों तक जुड़े अभिनेता रवि झांकल और हरिनारायण शर्मा ने भी इसमें महत्त्वपूर्ण भूमिका निभाई है। दानसिंह का संगीत इस फ़िल्म की जान है। 'बवंडर' फ़िल्म की शूटिंग बीकानेर के पास एक गांव झेंझऊ में की गई थी। इसमें लोकेशन ढूंढ़ने से लेकर दूसरे कामों में निर्माता जगमोहन मूंदड़ा की जयपुर के दीपक पुरोहित ने काफ़ी मदद की, जिनके पिता नंद किशोर पुरोहित ने दिलीप कुमार को लेकर 'यहूदी' फ़िल्म बनाई थी।

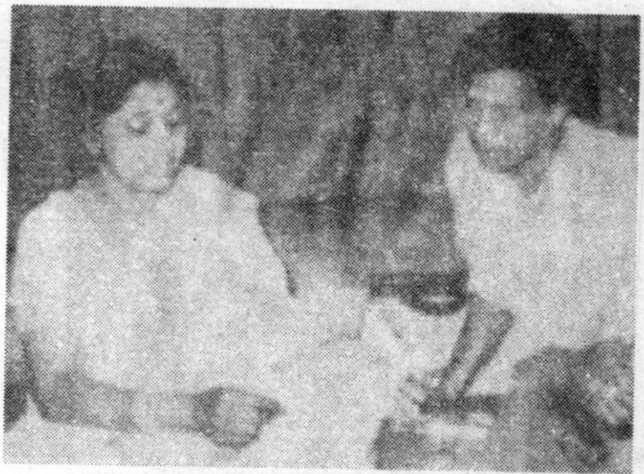

1966 का एक दुर्लभ चित्र : अतुल आर्ट्स की फिल्म 'माय लव' के एक गाने की रिकॉर्डिंग से पहले आशा भोंसले को रिहर्सल कराते दान सिंह

पार्श्व गायिका आशा भोंसले, अभिनेता सुनील दत्त, संगीत निर्देशक दान सिंह और गीतकार आनन्द बक्षी (**बाएँ से**)

संगीत निर्देशक दान सिंह को गाने की सिचुएशन बताते हुए 'माय लव' फिल्म के निर्देशक एस. सुखदेव

फिल्म 'माय लव' की टीम : प्रोड्यूसर बी.एन. शर्मा, को-प्रोड्यूसर एस.के. अमीन, निर्देशक एस. सुखदेव, गायक मुकेश और संगीत निर्देशक दान सिंह (बाएँ से दाएँ)

दान सिंह, बी.एन. शर्मा, मुकेश और एक महिला सदस्य के साथ आनन्द बक्षी (दाएँ से बाएँ)

सुर साधते दान सिंह

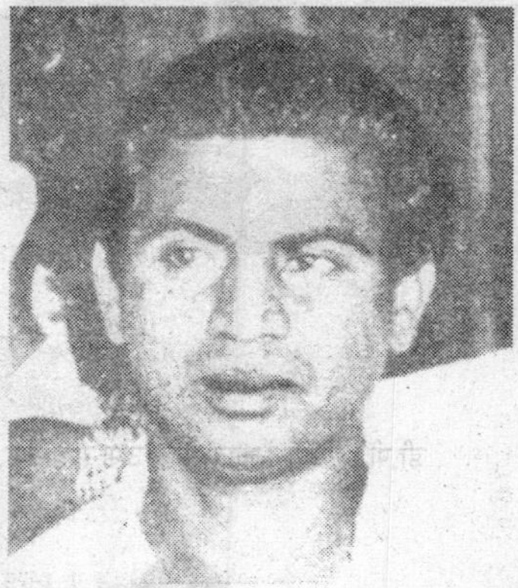

जिंदादिल इंसान : समय के साथ-साथ

डी.पी. अग्रवाल, दान सिंह, उमा याज्ञनिक, ओमेन्द्र और ईशमधु तलवार (**बाएँ से दाएँ**)

पत्नी उमा याज्ञनिक के साथ

दान सिंह (**बाएँ**) लेखक ईशमधु तलवार (दाएँ) के साथ

परिशिष्ट

दान सिंह के संगीत से सजे गाने

फ़िल्म	गीत	गायक	गीतकार
1. माइ लव	ज़िक्र होता है जब क़यामत का	मुकेश	आनंद बख़्शी
	वो तेरे प्यार का ग़म...	मुकेश	आनंद बख़्शी
	सुनाते हैं सितारे रात भर...	आशा भोंसले	आनंद बख़्शी
	गुज़र गए जो हसीं ज़माने...	आशा भोंसले	आनंद बख़्शी
	माइ लव पेंजी वांगी...	मोहम्मद रफ़ी	आनंद बख़्शी
	भीगी–भीगी रात में...	आशा भोंसले	आनंद बख़्शी
2. तूफ़ान	हुस्न में भी है नशा...	आशा भोंसले	अज़ीज़ रोमानी
	सुना था मैंने बचपन में...	मन्ना डे	अज़ीज़ रोमानी
	मेरा नाम शोला...	आशा भोंसल, उषा मंगेशकर	अज़ीज़ रोमानी
	ये हसीं ज़ुल्फ़...	आशा भोंसले	अज़ीज़ रोमानी
	लगा मोहे अबकी बार...	आशा भोंसले	अज़ीज़ रोमानी
	हमने तो प्यार किया...	आशा, मुकेश	अज़ीज़ रोमानी

3.भूल न जाना	पुकारो मुझे नाम लेकर पुकारो...	मुकेश	गुलज़ार
	ग़मेदिल किससे कहूं...	मुकेश	हरिराम आचार्य
	गोरा-गोरा मुखड़ा...	मुकेश	हरिराम आचार्य
	मेरे हमनशीं, मेरे हमनवां...	गीता दत्त	हरिराम आचार्य
	बही है जवां ख़ून की आज धारा...	मन्ना डे	हरिरामआचार्य
	चूहा दौड़ बिल्ली आई...	सुमन कल्याणपुर	हरिराम आचार्य
4. बवंडर	केसरिया बालम आओ नी...	रीता गांगुली	हरिराम आचार्य
	अब तो जाग्यां सरसी बहनां...	सोनाली वाजपेयी, कोरस	हरिराम आचार्य
	अब तो जगना ही होगा बहनों...	महालक्ष्मी अय्यर, कोरस	हरिराम आचार्य
	पणघट सूं पाणी भर ल्याई...	रिचा शर्मा	हरिराम आचार्य
	हर आयो, हर आयो, कासी रो...	परमेश्वरी पंडित, कोरस	हरिराम आचार्य
	आयो-आयो होली रो त्यौहार...	राम शंकर, सपना अवस्थी	हरिराम आचार्य
	घाघरियो घूमर घालै रे, घाघरिया...	सपना अवस्थी	हरिराम आचार्य
	लाजे क्यूं निर्दोष नारियां, जाग्यां सरसी..	नंदिता दास, कोरस	हरिराम आचार्य
5. भोभर	उग म्हारा सूरज तने भोर बुलावै	रामकुमार सिंह	सुमन यादव

तेरे जलवों की बात होती है

यूनुस खान

सिने-जगत में कई ऐसे संगीतकार हैं, जिनकी ज़्यादा चर्चा नहीं होती, मगर उनके संगीत का जादू लोगों के दिल में तरंगें छेड़ता रहता है। इन्हीं में से एक हैं दान सिंह...

अचानक संगीत-संसार से एक बहुत बुरी ख़बर आई। संगीतकार दान सिंह के निधन की ख़बर। मुझे 2010 अप्रैल के वे दिन याद आ गए, जब जयपुर में सुर-यात्रा के आयोजन में उनसे मिलने का सौभाग्य मिला था। हिंदी फ़िल्म-संगीत जगत में कम चर्चित संगीतकारों की एक पूरी फेहरिस्त है। लच्छीराम, दत्ताराम, एन. दत्ता, लाला असर सत्तार, इक़बाल कुरैशी, गणेश रामलाल, जेपी कौशिक वग़ैरह, जिन्हें प्रतिभा का पूरा हक़ नहीं मिला। जिनके हिस्से में गिनी-चुनी फ़िल्में आईं। पर उन्होंने अपना पूरा असर दिखाया।

दान सिंह जी की याद विविध भारती में अक्सर आती। मुझे दान सिंह का स्वरबद्ध किया सबसे अनमोल गाना लगता है गीता रॉय का-'मेरे हमनशीं मेरे हमनवां, मेरे पास आ मुझे थाम ले।' यह गाना 1965 में आई फ़िल्म 'भूल ना जाना' का है और इसे

हरिराम आचार्य ने लिखा है। गीता रॉय के लोकप्रिय गीतों से बिल्कुल अलग, यह गाना अपनी वेदना के लिए सबसे अलग खड़ा नज़र आता है। इसकी ख़ूबसूरती है साजों के क़िफायत भरे इस्तेमाल में। पर दान सिंह की क़िस्मत की सबसे बड़ी विडंबना यही थी कि उनके सबसे सुन्दर संगीत वाली यह फ़िल्म रिलीज़ ही नहीं हो सकी। केवल इसके गाने रिलीज़ हुए। इस फ़िल्म के गानों में मुकेश का गाया 'पुकारो मुझे नाम लेकर पुकारो, मुझे तुमसे अपनी ख़बर मिल रही है...' बड़ा नाज़ुक गाना है यह गुलज़ार का लिखा हुआ है। दान सिंह जी के संगीत की सबसे बड़ी ख़ासियत यह थी कि वे अपने समय के सभी दिग्गजों के बीच अलग धारा पर चले। उनके स्वरबद्ध सभी गाने अपनी कविताई में भी उत्कृष्ट हैं।

इसी फ़िल्म में हरिराम आचार्य का लिखा गाना है–'ग़म-ए-दिल किससे कहूं कोई भी ग़मख़ार नहीं।' अफसोस है कि बड़ी संगीत कंपनियों ने मुकेश के सबसे उम्दा गानों में अक्सर इस गाने की अनदेखी की है। जबकि मुकेश की सांद्र तान, उसका नेज़ल टच उसमें बसा दर्द का राग...सब कुछ सुनने वाले को एक अलग ऊंचाई पर ले जाते हैं। यहां हरिराम आचार्य की लेखनी को सलाम न करें, तो नाइंसाफ़ी होगी। एक अन्य फ़िल्म 'माइ लव' 1970 में आई थी और इसमें दान सिंह का स्वरबद्ध किया सबसे मशहूर एक गाना था। गिटार की तरंगों से शुरू होकर, सितार से होते हुए हम इस गाने में मुकेश की आवाज़ तक पहुंचते हैं–'ज़िक्र होता है जब क़यामत का तेरे जलवों की बात होती है।' इसे आनंद बख्शी ने लिखा। इसी फ़िल्म में मुकेश का 'वो तेरे प्यार का ग़म' भी था। सेक्सोफ़ोन की सुंदर पुकार वाला गाना है यह। मैंने

महसूस किया है कि दान सिंह के गाने हल्के रिद्म के गाने हैं। कभी भी वो रिद्म को झमाझम नहीं बनाते थे। इस गाने में तो सेक्सोफ़ोन की हल्की तरंग मुकेश की आवाज़ के पीछे लगभग लगातार है। अंतरे पर पियानो और सेक्सोफोन की मिली-जुली हरकतें हैं। ज़रा सोचिए कि मुकेश के अनगिनत मशहूर गानों पर भारी है यह एक गाना। इसी फ़िल्म का अनूठी धुन वाला शीर्षक गीत मोहम्मद रफी की आवाज़ में था। फ़िल्म 'भूल न जाना' में मुकेश का एक और गाना था-'गोरा-गोरा मुखड़ा ये तूने कहां पाया है' दान सिंह मशहूर संगीतकार खेमचंद प्रकाश के शिष्य थे। मुंबई में उन्हें ज़्यादा मौक़े नहीं मिले। फ़िल्में रिलीज़ नहीं हुई और उन्हें वापस जयपुर लौटना पड़ा। दान सिंह का जाना फ़िल्म-संसार का एक बड़ा नुकसान है। चलते-चलते अपने मन की एक बात कहता चलूं। हमारे देश में कला के क्षेत्र की नामी हस्तियों से जुड़े डॉक्युमेंटेशन का कितना अभाव है। वह तो शुक्र है कि दान सिंह जी से पत्रकार ईशमधु तलवार ने वीडियो बातचीत रिकॉर्ड की थी दूरदर्शन के लिए, वरना उनको बोलते-बतियाते अब हम कहां सुनते? विनम्र श्रद्धांजलि।

[4 सितम्बर, 2000 को जनसत्ता, मुंबई से प्रकाशित एक आलेख का अंश]

मरे नहीं ज़िंदा हैं, दान सिंह!

हरीश पाठक

लंदन से इंदौर आए इस फ़ोन के एक छोर पर फ़िल्मकार जगमोहन मूंदड़ा थे और दूसरे छोर पर फ़िल्म के वितरक आरडी जैन। मूंदड़ा ने बहुत उत्साह में डूबकर जैन को बताया कि फ़िल्म लगभग तैयार है, पर मैं आपको उसका संगीत पहले सुनाना चाहता हूं। राजस्थानी लोक-संगीत का जो रूप मैं चाहता था, वह हू-ब-हू इसमें उतर आया है।

जैन का सवाल था–'संगीतकार कौन है?'

मूंदड़ा का जवाब था–'दान सिंह।'

फ़ोन की दूसरी तरफ़ सिर्फ़ सन्नाटा था और सन्नाटे में डूबी जैन की आवाज़-'दानसिंह कौन? वह 'माइ लव' वाले या नया कोई छोकरा।'

मूंदड़ा ने कहा–'हां, वही 'माइ लव' वाला दानसिंह।'

अब जैन के चौंकने की बारी थी।

'क्या आप पागल हो चुके हैं? दानसिंह को मरे 22 साल हो चुके हैं। उसकी तो 1978 में मुंबई में मौत हो गई थी। वरना अब तक वह चुप बैठता क्या?'

'वह चुप ही बैठा था, पर मुंबई में नहीं जयपुर में। वह मरा नहीं है। वह ज़िंदा है और चाहो तो उसे ज़यपुर में फ़ोन कर लो। मेरी फ़िल्म 'बवंडर' का संगीत उसी ने दिया, क्योंकि इस फ़िल्म का संगीत वही दे सकता था।' मूंदडा ने कहा।

जैन को तब तक यकीन नहीं हुआ, जब तक उन्होंने जयपुर के एक गुपचुप मोहल्ले में, चुप-चुप रहनेवाले दानसिंह की फ़ोन पर खनकती आवाज़ नहीं सुन ली। वे यह कहना भी नहीं भूले कि 'मैंने तो सुना था कि आप स्वर्ग सिधार गए।' और दानसिंह यह बताना भी नहीं भूले कि 'आप अकेले नहीं हैं, जिन तक ऐसी ख़बर पहुंची हो। मेरे अपने जयपुर में भी ऐसे लोग हैं। पर मैं दुरुस्त हूं।'

दरअसल, दानसिंह का क़िस्सा तेज़ी से घूमती किसी फ़िल्मी रील के एक झटके के साथ दूर जाने की मानिंद है। यह वही दानसिंह हैं, जिनके संगीतबद्ध किए 'माइ लव' फ़िल्म के गाने आज तक लोगों के होंठों पर थिरकते हैं। यह वही दानसिंह है, जिसने जब मुकेश से 'ज़िक्र होता है जब क़यामत का, तेरे जलवों की बात होती है, तू जो चाहे तो दिन निकलता है, तू जो चाहे तो रात होती है' गीत गवाया तब लक्ष्मीकांत ने मेंडोलिन, प्यारेलाल ने वायलिन, हरिप्रसाद चौरसिया ने बांसुरी, पंडित शिव कुमार शर्मा ने संतूर और मनोहारी ने सेक्सोफ़ोन बजाया था। ये सब संगीतकार बाद के दिनों में शिखर तक पहुंच गए। पर खेमचंद प्रकाश जैसे दिग्गज संगीतकार का यह गंडाबंध शागिर्द वक़्त की धूल भरी आंधी में कहीं खो गया। लेकिन हिंदी की खोजी पत्रकारिता ने जब-तब जो कमाल किए हैं, उनमें 'मृत' दानसिंह को 'जीवित' प्रस्तुत करने का नेक और ज़रूरी काम भी शामिल है। यह काम किया खोजी पत्रकार ईशमधु तलवार ने।

तलवार कहते हैं–'एक पिकनिक में हम कुछ लोग गए थे। जब पिकनिक अपने पूरे जोश में थी, तो मैंने अपना प्रिय गीत गाया–'वो तेरे प्यार का ग़म, इक बहाना था सनम। अपनी क़िस्मत ही कुछ ऐसी थी, कि दिल टूट गया'। गीत ख़त्म होने के बाद पर्यटन विभाग के एक अधिकारी मेरे पाए आए और बोले–'आपको मालूम है इस गीत का संगीतकार कौन है? वह अपने जयपुर का दानसिंह है, जो आज भी पुरानी बस्ती में रहता है।' इस रहस्य को सुनकर मैं चौंक गया। मैंने भी सुना था दानसिंह की मुंबई में मृत्यु हो गई।

दूसरे दिन मैं पुरानी बस्ती पहुंच गया। वहां पता चला कि वे लोग मानसरोवर में कहीं रहने चले गए हैं। मैं मानसरोवर पहुंच गया। वहां से पता चला कि कुछ महीने पहले दानसिंह का परिवार पारीक कॉलेज रोड पर कहीं रहने चला गया है। मैं पारीक कॉलेज रोड पहुंचा। अंततः लाल प्याऊ इलाक़े में मैंने उन्हें अपनी डॉक्टर पत्नी के साथ, गुमनाम–सी ज़िंदगी जीते पा ही लिया। मैंने उनसे बात की, चित्र लिये और जयपुर से तब प्रकाशित होने वाले 'नवभारत टाइम्स' के प्रथम पृष्ठ पर ख़बर प्रकाशित की 'फिर बिखरेंगी दानसिंह की धुनें, नए जलवों की बात होगी।' यह ख़बर 'नवभारत टाइम्स' के 29 जनवरी, 1995 के अंक में प्रकाशित हुई। तब मैं वहां मुख्य संवाददाता था। ख़बर के छपते ही यह बात फैल गई कि दानसिंह मरे नहीं, ज़िंदा हैं।'

और जब तलवार के साथ मैं संगीत की दुनिया के इस दुर्वासा से मिला, तो बड़े–बड़े कमरों वाले अपने घर में वे इत्मीनान से अतीत की किताब पलट रहे थे। 'ख़बर के बाद जब लोगों को पता चला कि मैं ज़िंदा हूं तो मेरे पास कई ऑफर आए, जिनमें भजन से

लेकर पॉप एलबम तक शामिल थे। मुझे कुछ फ़िल्मों के भी ऑफर आए। जगमोहन मूंदड़ा की 'बवंडर', जो राजस्थान के चर्चित भंवरी देवी बलात्कार कांड पर आधारित है, का संगीत देने का मौक़ा मुझे मिला।

दीप्ति नवल, नंदिता दास और रघुवीर यादव की भूमिका वाली इस फ़िल्म के गीत हरिराम आचार्य ने लिखे हैं। इस फ़िल्म में मैंने प्रसिद्ध मांड रचना 'पधारो म्हारे देस' को सुख-दुख दोनों भावों में संजोया है। यह फ़िल्म टोरंटो फ़िल्म समारोह में रिलीज़ होने जा रही है। इसके साथ ही तीन दशक बाद फ़िल्मों में मेरी वापसी होगी।' दानसिंह के उम्र से थके चेहरे पर चमक उभर आई। 'लेकिन 'माइ लव' के बाद अचानक मुंबई क्यों छोड़ आए थे।' मेरा सवाल था।

'मेरी भावुकता पर किसी ने कसकर हमला किया था। मेरे साथ छल हुआ था।' एक डूबी आवाज़ कमरे में तैर रही थी और रिकॉर्ड प्लेयर पर बज रहा था–'केसरिया बालम आओ नी, पधारो म्हारे देस।'

[लेखक वरिष्ठ पत्रकार हैं, वे *धर्मयुग*, *हिंदुस्तान*, *राष्ट्रीय सहारा* में महत्त्वपूर्ण संपादकीय पदों पर रहे हैं।]

दो सम्मतियां...यादें

मुझे जो बात सबसे ज़्यादा रेखांकनीय लगी वो यह कि दान सिंह जी में कहीं किसी के प्रति लेशमात्र भी नाराज़गी या कटुता का भाव नहीं था। जब उन्होंने यह प्रसंग सुनाया कि कैसे उनकी बनाई धुन पर किसी और ने गाना बनाकर मुकेश से गवा लिया, तो मुझे लगा कि जैसे वे अपनी बनाई हुई नहीं किसी और की बनाई धुन की बात कर रहे हैं। यह बहुत गैर-मामूली बात है। मुझे आज भी इस बात को याद कर आश्चर्य होता है कि इतने प्रतिभाशाली होने के बावजूद संगीत की दुनिया की राजनीति की वजह से हाशिए पर डाल दिए गए दान सिंह जी के मन में इस बात को लेकर ज़रा भी मलाल नहीं था। वे अपने हाल में परम सुखी-संतुष्ट थे। अगर उस दोपहर उनके सान्निध्य में कुछ वक़्त न गुज़ारा होता और किसी और ने मुझसे उनके बारे में यह बात कही होती तो मैं विश्वास नहीं करता।

–डॉ. दुर्गाप्रसाद अग्रवाल, जाने-माने लेखक, आलोचक

हम जितना उनसे डर रहे थे, वे उतने ही सहज निकले। स्कूल में पढ़ी संस्कृत की वे पंक्तियां मुझे स्मरण हो आईं कि प्रतिभा और ज्ञानवान आदमी हमेशा विनम्र हो जाता है, जैसे फलों से लदा पेड़ हमेशा झुका रहता है।

–रामकुमार सिंह, दान सिंह के संगीत से सजे आख़िरी गीत के गीतकार

□□□